健康会計は、2008 年に経済産業省が提唱した企業の健康への取り組みを評価する考え方です。企業が社員の健康増進に対して行う投資コストとその効果を「可視化」することにより、健康増進に積極的な企業が社会的に高く評価されることを意図しています。

よくわかる
「健康会計」入門

森 晃爾
（産業医科大学 副学長・産業医実務研修センター所長）
奥 真也
（会津大学 先端情報科学研究センター教授）
永田 智久
（産業医科大学 産業医実務研修センター助教）

共著

法研

はじめに

「健康会計」という耳慣れないテーマの本書を手にされたあなたは、「健康」に関心が高い人かもしれません。著者は医者だし、まず健康についての話だろう……。そう思われても不思議はないでしょう。しかし、この本はいわゆる「健康本」ではありません。どうすればもっと健康になれるのか、病気にならないためにはどうすればいいのか、ではなく、「今、働いているあなたの健康にどれだけの価値があるのか」。それを、知っていただくための本です。

あなたの健康に価値があるのは当然です。しかし、健康は「お金で測れない」、そう思っていないでしょうか。本書はその目に見えない価値をお金に換えて、企業に従業員の健康がどれだけ大切かを再認識してもらい、それによって従業員たち、ひいては企業そのものを健康にしようと提案する、日本で初めての本です。

今、日本経済は「不況」という渦の中にあります。その渦は容易に抜け出せるものではなく、企業が次々と倒産し、職を失った人々は次に働く場が見つからず苦しんでいます。心の病にかかる人は増加する一方で、テレビの報道番組を見ていても暗いニュースが多く、「ああ、日本はもうだめだ」という気持ちにさせられます。このままでよいはずはありません。私たちはみな幸せを求めて日々生き、働いているのです。

働く人の多くは、企業に勤めています。しかし、その大切な従業員を預かる企業も、社会を豊かにするために活動しているはずが、現在は多くの企業が不況の渦に呑まれ、個人と同様にもがき苦しんでいます。

従業員の健康が損なわれていること。悪循環はまずこの事実からスタートしています。百年に一度ともいわれる不況、リストラや団塊世代の引退に伴い、人員が減り、残った従業員の仕事量は増え、従業員の心身のストレスはこれまでになく高まっています。厚生労働省の２００７年度労働者健康状況調査によると、仕事や職業生活に関する強い不安、悩み、ストレスがある労働者は58％に及んでいます。「仕事」が原因で自殺する人も多いのです。

従業員が自殺した場合、残された家族はもちろんですが、企業もダメージを受けます。昨今は長時間労働の事実が確認されると「過労死」や「過労自殺」が認定され、企業の責任が問われるようになりました。自殺した従業員はこれから何年も何十年も、ともに働けたかもしれません。また、従業員が企業を去ることで、貴重な知恵も経験も失われます。その損失もやはり甚大なものです。

企業にとって従業員は財産です。従業員は健康であってこそ、多くの利益をもたらします。財産である従業員の健康をどう守っていくのかが、これからの企業の大きな課題になっています。その課題の解決に役立ててほしいと願い、「健康会計」という新しい概念は提唱されたのです。

「健康会計」とは読んで字のごとく、「健康」にかけたお金と得られた効果を「会計」することを意味します。つまり、企業や健康保険組合（健保）が従業員やその家族の健康のため、何に、どのように、いくらお金を使ったのか、そして、その効果がどれくらいなのかを貨幣化して一目でわかるようにするのです。この手法が企業を救うことになることを本書で順を追って明らかにしていきます。

企業や健保のための話だからといって、従業員であるあなたに関係のないわけではありません。企業のお金の使い方次第で、従業員のこれからの人生が変わるのです。企業がお金をかけた成果は、従業員の健康や生活に直接返ってくるのです。だから、あなたの周りにどんな健康問題があるのか、それに対して会社が何を行っているのかを、あなたにも知っていてほしいのです。

昨今、企業経営については、さまざまな角度から企業を元気にするための試みが行われています。エコロジーに投資するという新しい考え方も根付いてきました。しかし、「健康」の分野はどうでしょうか。

企業はエコロジーや従業員教育に関する投資については、見返りを得られるものだと捉えていても、健康については単に福利厚生の一環としてサービスを行っているにすぎないという面があります。しかし、健康への投資を最適化すれば、救われる企業もきっとあるはずです。どうすれば、もっと従業員の健康に貢献できるのか。どうすればもっと効率的な「投資」を行うことができるのか。経済産業省も２００８年に研究チームを立ち上げ、「健康への投資」に期待する姿勢を見せています。

医者は目の前にいる患者の病気を治すだけでなく、より健康で幸せに生きてほしいと願います。しかし時に、ちょっとメタボ気味だったり、調子が悪いのに病院に行きたがらなかったりする「今ならまだ間に合う人」と出会います。その人たちに対して「どうにかしたい」「健康に働き続けてほしい」という思いから「健康会計」は誕生しました。

医者にできないことを企業が実行し、企業にできないことは医者がカバーする。企業が従業員を豊かにし、従業員が企業を支える。そうやって、人と人とが多方面から支えあって、豊かな社会を築いていくこと。それが、「健康会計」の目指す未来への第一歩です。

企業で働くすべての人の健康な未来と、豊かな人生に向かう一歩を踏み出すために、この本が少しでもお役に立てば幸いです。

２０１０年１月

著者一同

もくじ

第1章 からだの不調は、どのように仕事に影響するのか

第2章　処方箋としての「健康会計」

第3章 企業はなぜ、従業員の健康増進に取り組むのか

コラム

制作 ――――――――株式会社ウェルビ
株式会社水琴社
取材協力――――――水琴社ネット
DTP＋編集協力―――宮本幹江（時遊編集室）
本文イラスト・図版――ひやまゆみ
カバーデザイン―――中田聡美

第１章

からだの不調は
どのように
仕事に影響するのか

休んでも仕事はカバーしてもらえるのか

日ごろ健康に気をつかっている人でも、一度や二度は風邪や腹痛で会社を休んだ経験があるはずです。そんなとき、あなたの職場は、あなたの仕事に支障がないように面倒をみてくれたでしょうか。

せいぜい2、3日の欠勤なら、誰かが何とかカバーできます。しかし1週間、1カ月に及べばどうでしょうか。もし1カ月仕事を休むことになれば職場に負担がかかり、それによってトラブルでも起ころうものなら職場全体の評価が下がります。こうした迷惑を避けたいこともあって、からだが病院へ行けと警告していても、我慢して出社してしまうというのが実態でしょう。

「このところずっと調子が悪いな」と感じていても、決定的な症状が表れないかぎり、病院に行くことを後まわしにしがちです。しかし、病院で診察を受けてきちんと治療を受けないと、体調はいつまでも改善されず、やがて1人分の仕事をこなすことさえままならなくなってしまいます。

そうやってあなたが働けなくなったとき、あなたの家族はどうなるでしょうか。病欠期間中は健康保険組合から傷病手当金が支給され当面の生活は保障されますが、病気が長引き、病状が回復しない場合、退職せざるをえないこともあります。そうなった場合、誰があなたとあなたの家族の面倒をみてくれるのでしょうか。

病気にかかると、このように思わぬ事態に追い込まれます。だから、病気にならないのがいちばんですし、誰もが健康を望んでいます。けれども、予期せず病気になってしまう場合もありますし、病気を予防するために日ごろから生活習慣を見直し、自己管理することが困難な場合があるのもまた事実です。

社員の１割が病欠したら、会社のサイクルはどうなる？

一方で、会社にとってはどうでしょうか。企業には本来、余裕をもった人員配置が必要です。実際のところ、ある程度以上の規模の企業にとっては１人くらい休んだところで、大きな問題ではないかもしれません。

しかし、このところの経済状況の中では、１人で２人分の仕事をしているという会社はたくさんあります。夜遅くまでオフィスに煌々《こうこう》と明かりがともり、終電は超満員というのはとても健康とは程遠い光景です。

検査結果の数値は正直です。不健康な生活習慣をしている社員は早晩、ドクターストップがかかって会社を休むことになるでしょう。休まれた会社では、仕事の特殊性や内容によっては代替要員の準備ができず、周りの人の負担が増すこともあって、「簡単に休んでもらっちゃ困るよ」などとトラブルを引き起こすことにもなりかねません。

実際に1割の人員が休むと、会社全体の機能に大きな渋滞が生じます。自分の会社の上司や同僚だけでなく、まずは取引先に迷惑をかけてしまいます。工程の煩雑な職場なら、なおさら多くの同僚や出入りの関係者に迷惑をかけることになります。

会社は、能率が悪くなったところへ休職者の面倒をみるという二重苦に責められ、それはいつまで持ちこたえられるかわからず、1割も休めば困難な状況を生み、悪循環が生じて機能が麻痺しないともかぎりません。

我慢する自分はやっぱり会社人間?

社員たちが無理に無理を重ね、日常的に体調を狂わせていれば抵抗力は弱まり、インフルエンザや結核などの感染症にかかりやすくなります。また不摂生な日常は、糖尿病やがんといった生活習慣病の背景となっていることに間違いありません。

一方で、働き盛りの年代は心の荷物が増えやすい時期でもあり、うつ病、自殺などのメンタル面の危機にも注意が必要です。

しかし、からだには特に異常が認められないので、心身の不調を周囲の人たちに打ち明けられず、多くのビジネスマンたちは「これくらいのストレスなら誰でも抱えているさ」と我慢し、体調不良を訴えてくる若い社員に「甘ったれるな」とわが身に言い聞かせるように一蹴する。そんな風土が昔から日本の組織社会に、美徳のように定着しているのではないでしょうか。

本当の意味で、会社に役立つ人間とはどういうものかを、今一度考えてみましょう。「からだは資本」といいます。あなたのからだは会社にとっても大事な資本なのです。

ひと目見てわからなければ、異常なし？

あきらかに病気とわかれば他人は同情してくれますし、会社を休む理由にもなりますが、単に調子がよくないとか、少しばかりの頭痛や腹痛がする程度ではあまり深刻な病気とも思えず、休むにも遠慮があるのではないでしょうか。自分でもその症状が健康を損ねているとは気付かず、無理もできるので、つい出社してしまったりします。

このような状態で働くことを、アメリカでは「プレゼンティーイズム（presenteeism）」

と称します。「present（出勤する）とabsent（欠勤する）の中間」、つまり「出勤していても病気や体調がすぐれず、頭やからだが思うように働かないために生産性が下がっている状態」を指して広く使われています。

全米ではこのプレゼンティーイズムによる損失はおよそ1500億ドルと算出され、「熱はないのだけど、頭がぼうっとする」「首が痛い、肩が凝る」「目が痛く、パソコンを使うのがつらい」状態で仕事をしても、平常時に比べて3分の1以上も能率が下がるとわかり、今や大きな社会問題となりつつあります。

また研究者は、「ひと目でわかる病欠などと異なり、該当者がどこに隠れているかわからないため、生産性の低下具合がどのくらい深刻なのかが企業にわからない」と述べています。実際に、多くのビジネスマンが何かしらの苦痛を抱えた状況で出勤する場合、「元気で異常なし」の状態を装いますが、実際は「その場にいるのがやっと」という人も少なくないのです。

プレゼンティーイズムを放置すると、アレルギー症ひとつみても治療費がかかり、長期にわたる治療期間を要し、慢性化すれば企業にとって莫大な額の打撃になります。

それでは、具体的にはどのような状態がプレゼンティーイズムと呼ばれるのか、身近な事例を見ていきましょう。

鼻水が出るだけでも生産性に影響するのか？

◎事例１　花粉症　河野太郎さん（仮名＝52歳男性・生命保険会社企画課長）

河野さんは数年前から春になると、鼻汁（鼻水）、くしゃみの症状に悩まされている。マスクを着けて出社するが、一度くしゃみが出たらなかなか止まらず、鼻汁が出続けるため、常に洟《はな》をかんでいる。眼もかゆく、まったく仕事に集中できない状態が続く。

病院に行く時間がないため市販薬を飲んで対処している。飲めばしばらく症状は和らぐが、代わりに眠気に悩まされるようになった。一度、重要な会議でうとうとしてしまい、部長に叱責された。そのことが気になって、市販薬を飲む気にはならないが、薬を飲まなければ、症状が治まらない。

花粉症とプレゼンティーイズムの関係性についてはこんな研究があります。アメリカ・イリノイ州のコールセンターで働く６３０人のオペレーターを対象に、オペレーターが電話１件あたりに要する時間が、花粉の飛散量に関係するのかといった客観的データを収集

図1　花粉の飛散量が増加すると生産性が下がる

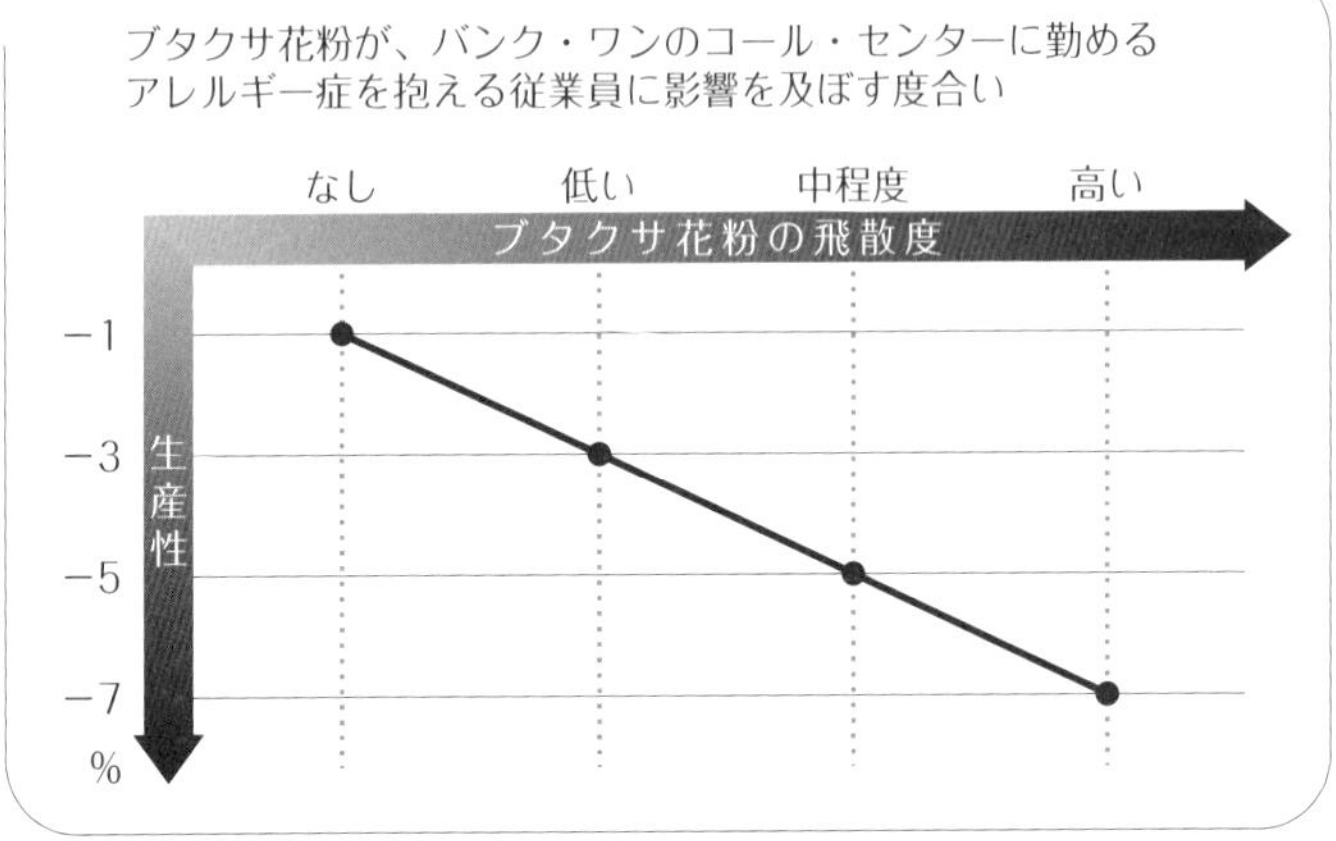

「プレゼンティ　イズムの罠」『DIAMOND ハーバード・ビジネス・レビュー』2006 年 12 月号、ダイヤモンド社より

図2　症状がひどければひどいほど損失は増える

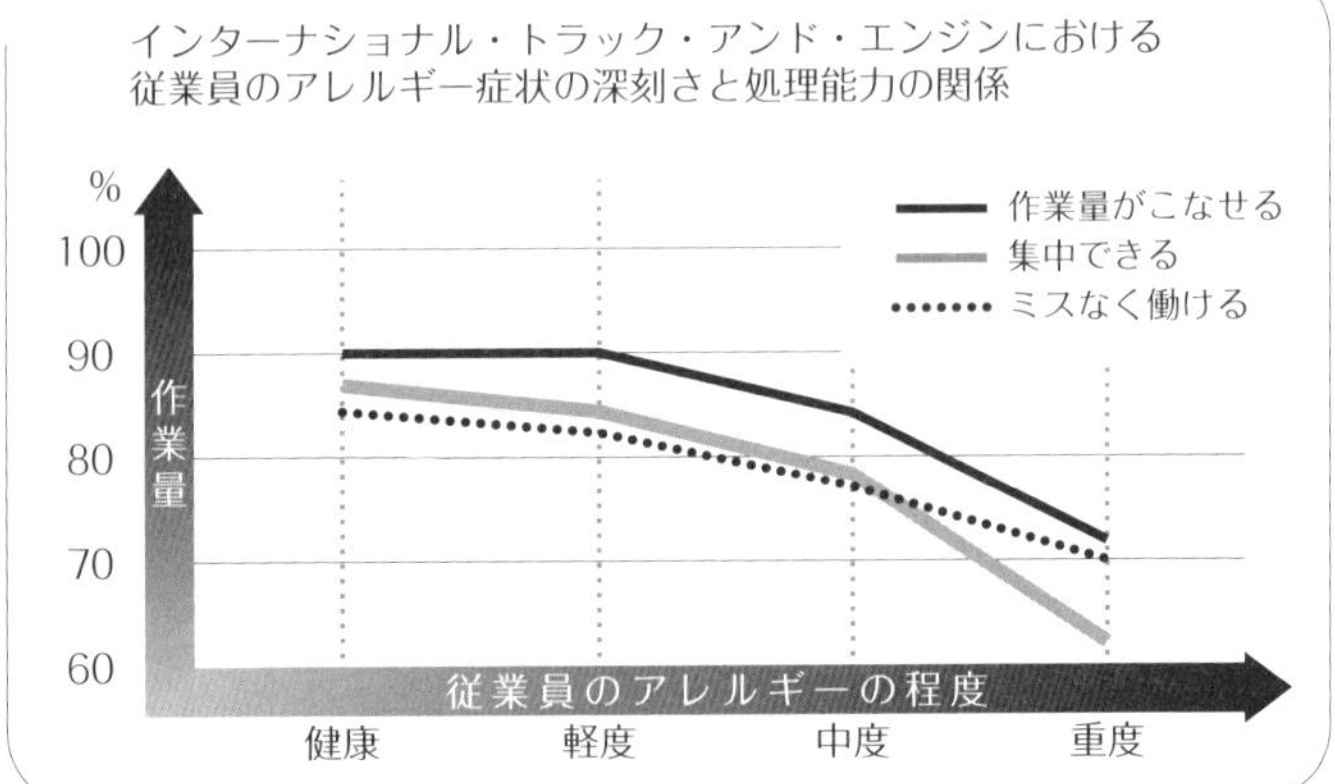

「プレゼンティーイズムの罠」『DIAMOND ハーバード・ビジネス・レビュー』2006 年 12 月号、ダイヤモンド社より

し、アレルギーとプレゼンティーイズムの関係をまとめたものです（図１、図２参照）。

ブタクサ花粉の飛散量がピークを迎える時期には、アレルギー症を抱える従業員の生産性は、そうでない従業員の生産性を７％下回りました。しかし、ブタクサ花粉が少ない時期は、これら２グループの生産性はほぼ同等です。つまり、コールセンター全体の生産性が下がるのは、病気による欠勤者が出たときだけではないということが、明らかになったのです。

花粉症は、今では眠くならない薬も多く開発され、症状が出る前に適切な薬を服用すれば、症状を抑えることができます。河野さんも、その後産業医との面談で、「花粉が舞う前に、耳鼻科を受診するように」と指導されてからは、それほど悩まずにすむようになりました。確かに、症状が出ていないときに病院に行くのは面倒ですが、症状が出てしまってから行った場合と比べれば、どちらが効果的かは一目瞭然です。

腰痛は職業病ではないのですか？

◎事例２　腰痛　栗原誠さん（仮名＝40歳男性・製造部門物流課の資材運搬作業）

栗原さんは以前から腰の痛みに悩まされ、月に1回程度、整体マッサージを受けて対応していたが、このところ足の先がしびれる症状が出てきたため、近くの整形外科を受診した。主治医の問診と診察のあと、後日改めて精密検査をすることになり、その日は帰宅。数日後、MRI検査を受け、その結果、腰椎椎間板ヘルニアと診断された。まずは鎮痛薬で様子をみることになり、その際、主治医から「仕事で重いものを持たないように」と注意される。

しかし、栗原さんは日常的に重いものを持ち運ぶのが仕事で、ときには25キロの原料を1人で何度も運搬することがある。そこで上司に相談し、産業医を交えて対策を考えた。その結果、重量物作業は二人作業にするとともに、仕事をする際は腰に補助具を装着し、腰への負担が軽くなるようにした。

だが、その後も症状が悪化し、夜も眠れないなど、生活にも支障が出てきたため、体力的に無理のない総務課へ異動となる。栗原さんは重いものの運搬はしなくてよくなったが、慣れない事務作業に戸惑い、仕事がはかどらない。また座り続けるのも辛く、集中力が続かないため、会社に行くのが嫌になった。

総務課長は栗原さんに対して、しっかり業務をしてほしいと思っているが、職業病ともいえる腰痛が彼を苦しめていて、どのように指導したらよいか悩んでいる。

腰痛は生涯に経験する確率が50〜80％とされているように、ごくありふれた病気といえますが、慢性的な腰痛を抱えている人もまたプレゼンティーイズムに相当します。

業務が原因の腰痛には2種類あり、一般的に「ぎっくり腰」といわれる、急に重いものを持ち上げたときなどに起こる急性のものは、症状の程度も強く休業を要することもあります。これに対して、栗原さんのような慢性発症の腰痛は、不自然な姿勢や同一の姿勢の保持などが日常的に行われることにより起こります。このタイプの症状は軽い場合もありますが、持続したり反復したりすることが多いので、長期にわたって悩みを抱えることになります。

栗原さんのように、長年重い荷物を運び続けた場合もそうですが、長時間同じ姿勢でパソコンに向かっている人にも腰痛が多いのです。体型に合っていない事務机にノートパソコンを広げ、背中を丸めて画面を覗き込むなどは非常によくありません。

以前、外資系企業の事務所を見せていただいたことがあります。グレーの小さな事務机が並ぶ日本の会社の光景とは異なって、広々としたデスクが印象的でした。この企業では腰痛防止のため、従業員に4種類の椅子から自由に選ばせるというお話を聞きました。働いているのはさまざまな体型の人たちで、それぞれのからだに合う椅子の高さや大きさが違うからです。

従業員が十分な能力を発揮できる環境を整えるという点では、腰痛の問題ひとつ取り上

表1　疾患別にみたプレゼンティーイズム

◎ 2002 年、ロッキード・マーチンはある事前調査を外部機関に委託した。それは、28 種類の疾患が社員の生産性に及ぼす影響について評価するためであった。アメリカのボストンにあるタフツ・ニューイングランド・メディカル・センターの研究者たちは、重い病気をかかえていない社員でもプレゼンティーイズムの状態であることを明らかにした。

◎下の表は、いくつかの疾患についての調査結果である。それぞれについて、「罹患率」「生産性の低下」「生産性の低下によって被った年間コストの推定値」(ロッキードの平均給与 4 万 5000 ドルに基づいて計算) がまとめられている。28 の症状を合わせると、同社にかかる負担額は年間約 3400 万ドルだった。

疾患	罹患率	生産性の平均低下率	平均年間損失額
片頭痛	12.0%	4.9%	43 万 4385 ドル
関節炎	19.7	5.9	86 万 5530
慢性的腰痛(脚の痛みを伴わないもの)	21.3	5.5	85 万 8825
アレルギーあるいは鼻腔の問題	59.8	4.1	180 万 9945
喘息《ぜんそく》	6.8	5.2	25 万 9740
逆流性食道炎（胃酸の逆流）	15.2	5.2	58 万 2660
皮膚炎その他の皮膚の問題	16.1	5.2	61 万 0740
過去 2 年間でひいた風邪	17.5	4.7	60 万 7005
うつ病	13.9	7.6	78 万 6600

「プレゼンティーイズムの罠」『DIAMOND ハーバード・ビジネス・レビュー』2006 年 12 月号、ダイヤモンド社より

げてみても、日本はまだまだ遅れをとっているといえます（表1参照）。

日本には昔から「助けあい」の精神があり、生産性を落とさないように、互いにかばいあってきたものです。この表どおりの生産性の低下を日本の状況と同様に論じることは難しいといえますが、近年は個人の仕事が細分化されていますから、当てはまる企業があるかもしれません。

眠れない、眠った気がしないのはビョーキ？

◎事例3　睡眠障害　原野みづきさん（仮名＝27歳女性・大学工学部の研究職2年目）

原野さんは大学院の博士課程を修了し、念願だった研究職に就き、やりがいを感じる日々を送っている。経済的な悩みもない1人暮らしだ。だが最近、夜眠れずに困っている。何とか眠ろうと毎夜11時にはベッドに入るが、2時近くまで寝つけない。ようやく眠り始めたころに朝となり、起きても疲れがとれておらず、からだがだるい。朝ごはんも食べたくなく、すっきりしない気分で研究室に向かう。

午前中はぼうっとしてしまい、先日も会議中にうとうとしてしまい、会議後、上司に呼び出されて怒られた。市販の睡眠薬を使うことも考えたが、手放せなくなるのが怖く服用を躊躇している。

また別の日に、2週間費やした同僚との共同研究の実験で、間違った試薬を使用してしまい、実験全体をやり直すことになってしまった。同僚に迷惑をかけてしまい、徒労感に落ち込んだ。以来、毎晩この仕事のことばかりが思い浮かび、まったく眠れなくなってしまった。

体調が悪いのではないかと心配した上司が原野さんに声をかけたが、「大丈夫です」との答えが返ってきたためそのまま様子を見ている。ただ、今後は重要な実験を任せることはできないとも考えており、本人のモチベーションを低下させることなく仕事を与えることに苦心している。

睡眠障害は、原因がはっきりすれば「病気」として診断されることもありますが、原野さんのケースは、プレゼンティーイズムであるとともに、「健康グレーゾーン」の状態といえます。睡眠障害は放っておくと体調不良を招き、眠気や集中力の欠如から仕事上のミスや事故を引き起こすなど、社会生活にも影響を及ぼしかねません。うつ病などのメンタルヘルスの問題につながるおそれもあります。アメリカでは睡眠に関する問題が重要視さ

健康グレーゾーンにいるのはこんな人

・体調には問題がないはずなのに、朝なかなか起きられない

・午後になると目が乾いて痛くなり、パソコン作業をするのが辛い

・1時間以上たばこを吸わないとイライラしてくる（1日20本以上吸う）

・重要な会議や商談の前には必ず腹痛が起き、トイレに駆け込む

・慢性的にいつも頭痛がしている

・週末に休んでも疲れがとれない

れており、チャールズ・A・ツァイスラー氏（ハーバード・メディカルスクール・バルディーノ記念教授）は、「経営陣は就業規則の中に、喫煙やセクシャルハラスメントと同じような方法で、睡眠に関する指針を設けるべきだ」と、警告を発しています。

睡眠障害に限らず、健康グレーゾーンの人に共通する点は、症状が軽度であるために病気として診断されていないことです。我慢すれば、1週間なんとか休まずに持ちこたえられるし、周りの人もみんな我慢しながら働いているのだから、自分だけ弱音を吐き、休むわけにはいかないという思いが根底にあるのです。

このような熱意ある社員一人ひとりの努力が企業を支えているのは確かですが、企業にとっても放っておいてよいはずはありません。ふだんなら考えられないようなミスを連発したり、営業車で巡回中に事故を起こしたりするかもしれず、顧客と直接関わるサービス業などでは、それが取り返しのつかない事態につながることも容易に想像できます。

さらに、健康グレーゾーンの社員を放置していれば、将来的に大きな病気につながり、より悪い結果を職場にもたらすことにもなります。コミュニケーションが希薄化した現代では、昔のように「顔色が悪いよ」「朝ごはん、ちゃんと食べてる？」といった声かけも少なくなっています。産業医面談を行うなど、何らかの方法でグレーゾーンの人を早く見つけ、病気になる前に対策を行い、必要に応じて専門医の診断を受けさせることが、今の企業には求められています。

プレゼンティーイズムと健康グレーゾーンの人が
増加した場合の企業の損失

▼生産性が下がる。
▼将来、病気の社員を増やすことになる。

うつをかばって体調不良？

◎事例４　うつ病　田中靖男さん（仮名＝45歳男性・通信会社のシステムエンジニア部門管理職。部下は約20名）

田中さんは５カ月前に突然、部下の杉山りなさん（仮名＝26歳）から「うつ病」の診断書を見せられ、「調子が悪いから休ませてほしい」といわれた。彼女は、業務評価はそれほど悪くはないが、コミュニケーションが苦手なタイプで、同僚たちと明るく付き合うほうではなかった。本人も以前に面談で田中さんに悩みを告白していた。「うつ病」に発展したことに田中さんは驚いたが、休暇願いを了解し、治療に専念するよう杉山さんに伝えた。

田中さんは、杉山さんがすぐに復帰するだろうと考え、杉山さんの業務は自分が行うことにした。1カ月後、「うつ病で、さらに1カ月の休職を要す」という診断書が田中さんのもとに郵送されてきた。本人に電話で確認すると、調子が悪そうな様子で「もう1カ月休ませてほしい」とのこと。同じ状況が数回続き、今月で休職が5カ月目に入っている。

この間、田中さんは杉山さんの業務を自分でこなすため、業務量が増加し、毎日夜中の12時に帰宅。ときには休日出勤することもある。疲れがたまり、夜もあまり眠れず、食欲もなくなってきている。杉山さんが復帰する見通しは立たないが、正式に辞めたわけではないので人員も増やせない。このままでは自分も病気になってしまうのでは、と思い悩んでいる。

ここには、うつ病患者である部下の杉山さんと、もう一人、今まさに体調を崩しかけている田中さんの姿があります。これは今、日本中のあちらこちらの職場でよく見られる光景です。

うつ病の大きな原因のひとつに、長時間労働や職場環境などのストレスがあります。過度なストレスがかかった状態が長く続くと、不安・焦燥感、食欲低下、不眠症などのストレス反応が生じ、放っておくと、うつ病などの精神疾患になってしまいます。

うつ病では気分が落ち込み、何をしても嫌な気分や悲しい気分が続く「抑うつ気分」と、以前は楽しめていたことを楽しく感じられない「興味・喜びの喪失」の２つの症状が表れます。

これらの精神症状に加えて、食欲、体重、睡眠、身体的活動性の４つの領域で著しい減少または増加が生じます。「食欲がなく体重も減り、眠れなくて、いらいらしてじっとしていられない」もしくは「変に食欲が出て食べ過ぎになり、いつも眠く、寝てばかりいて、からだを動かせない」というような訴えとなって表れます。

うつ病の最も恐ろしい行き先は「自殺」です。２００７年度のデータを見ると、精神障害の事案で労災請求をした

952人のうち、2割近い164人が自殺しています。実際に労災として認定されたのは、全体で268件、自殺の中では81件ですが、これらの数字はうつ病が「死」と隣り合わせの問題だということを如実に物語っています（35ページ表2参照）。

なぜ「心がふさぐ」のか？

「今日も誰ともしゃべらずに1日が終わった」と思いながら職場から帰宅する人が、結構いるのだそうです。1日中パソコン画面を相手に仕事をして、一人暮らしであれば帰宅しても話し相手はいません。翌日もまた、誰ともしゃべらない1日を過ごすのでしょうか。

他人と話したくない気持ちでいる人もいます。仕事から生じるストレッサーを浴びて満身創痍《まんしんそうい》になり、ストレスに押しつぶされそうになっている人です。息苦しくて、「もう隣人とも話したくない」。こういう人が今、増加の一途にあるのです。

近年注目を集めているのが、このメンタルヘルスの問題です。厚生労働省患者調査によれば2005年のうつ病患者数は94・6万人と、この10年で2倍以上に増えています。うつ病の原因のひとつはストレスですが、厚労省の労働者健康状況調査（複数回答）によると、「自分の仕事や職業生活に関して強い不安、悩み、ストレスがある」とする人は全体の約6割です。具体的なストレスの内容としては、「職場の人間関係の問題」（38・4％）が最も高く、次いで「仕事の質の問題」（34・8％）、「仕事の量の問題」（30・6％）の順となっています。

こういった不安やストレスが、うつ病の背景となっているのはいうまでもありません。「誰とも話したくない」「声をかけられるのもイヤ」「頭の中が破裂しそう」「逃げ出したいけれど、どこへ逃げたらいいのかわからない」などと感じ、たとえ自らの不調に気付いても言い出せないことが多いのが、この病気の特徴です。

うつ病は本人がはっきりとした病状を把握しにくいために、周囲も状況を正しく理解することが難しいのですが、休養と適切な薬の服用、カウンセリングで対応すれば、決して治らない病気ではありません。それには家族や職場の理解と協力が不可欠です。同僚に心がふさぐ人がいても、「心の弱さの問題だ」などと誤解しないでください。本人なりに一生懸命に頑張ってしまうために苦しんでいるのです。「何だかふさぎ込んでいる」「様子がおかしい」と周りの人が気付いたら、専門医に診てもらうようにすすめましょう。

もちろん、うつ病はそう簡単には治らないので、治療が長引くと家族の負担が増え、職場からは不満の声が上がり、何よりも本人にとって苦しい状態が続きます。「大なり小なり、ストレスに押しつぶされそうになっているのは自分たちも同じだ」という共感に基づいた周囲の理解が、病状を好転させるきっかけになることを心得ておきたいものです。

メンタルヘルス不調者が増加した場合の企業の損失

▼当該従業員の生産性が低下し、さらに病欠や休職することになれば、その分の労働損失が大きく発生する。また、病欠によって同僚への負担が大きくなり、長時間労働が発生する可能性がある。
▼メンタルヘルス不調者が自殺した場合、労災補償の対象となる可能性とともに、安全（健康）配慮義務違反で民事訴訟が起こるリスクがある。自殺の発生場所や方法、関係によっては、他の従業員に大きなショックを引き起こし、場合によっては周囲にPTSD（心的外傷後ストレス障害）になる人が出ることもある。
▼長期療養によって医療費や傷病手当金の支出が大きくなり、健保財政を圧迫する。

長時間労働が常態化すれば何が起こる？

現在の日本のビジネスマンの労働環境は、過去との比較からみても、また先進国との比

表2　労災補償の請求件数と認定件数の推移

		1999年	00	01	02	03	04	05	06	07
脳・心臓疾患	請求	493	617	690	819	742	816	869	938	931
	認定	81	85	143	317	314	294	330	355	392
うち死亡	請求	--	--	--	355	319	335	336	315	318
	認定	48	45	58	160	158	150	157	147	142
精神障害等	請求	155	212	265	341	447	524	656	819	952
	認定	14	36	70	100	108	130	127	205	268
うち死亡	請求	93	100	92	112	122	121	147	176	164
	認定	11	19	31	43	40	45	42	66	81

厚生労働省「脳・心臓疾患及び精神障害等に係る労災補償状況（平成19年度）について」などをもとに作成

較からみても悪化しているとしかいえません。世界的な不況を機に、各個人にかかるプレッシャーとストレスはさらに強まるばかりであることは、あなたご自身が日々感じているところでしょう。

こうした状況を反映してか、労災補償の請求件数は年々増えつづけています（表2）。なかでも、2007年度の精神障害等の労災認定件数は268件（前年度比30・7％増）となり、こちらも大幅な増加がみられます。

また別の資料からは、「過労死」の労災請求をする9割近くのケースが、当事者の1カ月間の平均残業時間が80時間以上であることがわかっています。つまり、過酷な労働で追い詰められて心身を病み、健康を損なう社員が激増しているという数字です。

図3は、先に掲げた2007年度の精神障害等の労災認定件数268件を年代別に分けてみたものです。うつ病などの心の病を抱えることで休職や退職

図3　労災認定件数の年齢別構成比（2007年度）

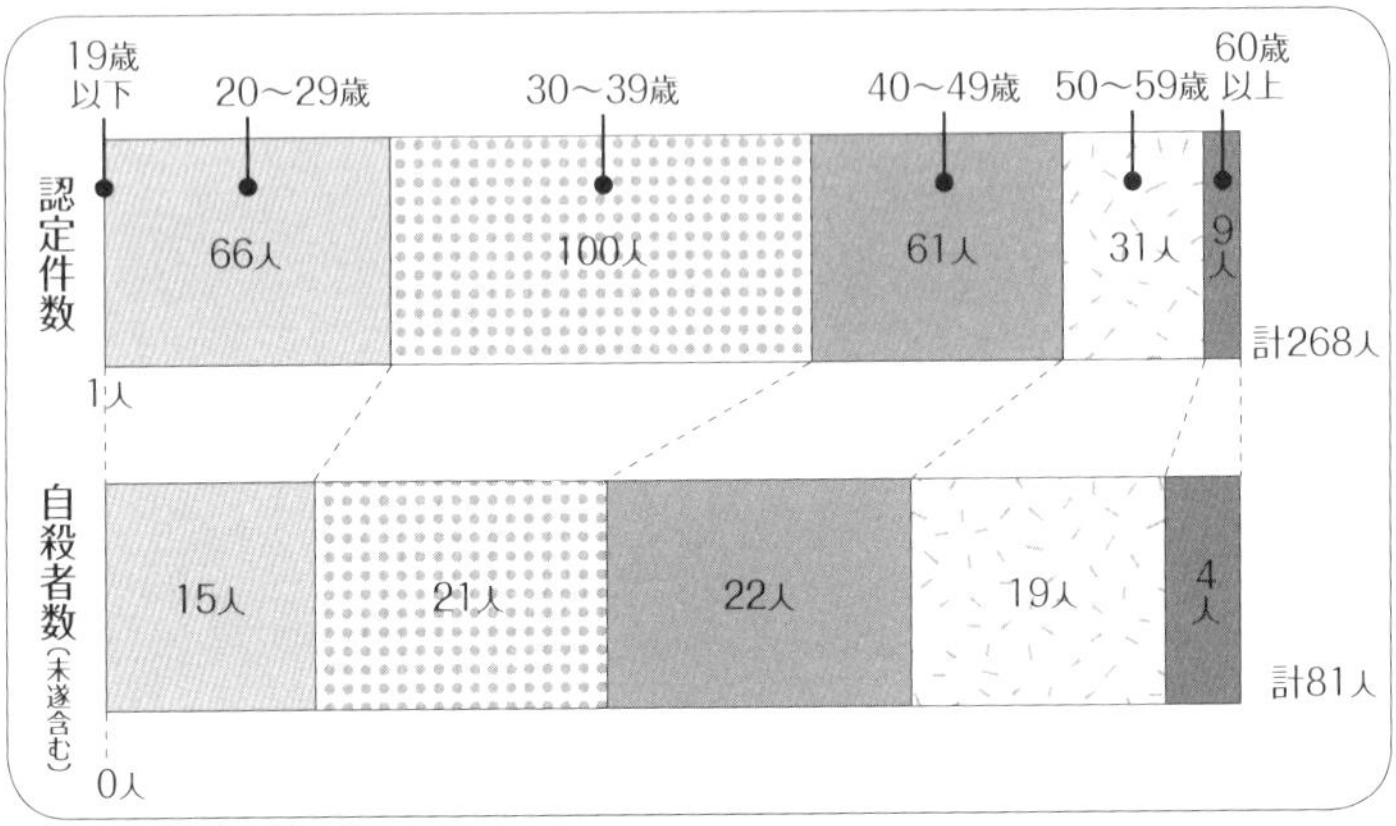

厚生労働省「脳・心臓疾患及び精神障害等に係る労災補償状況（平成19年度）について」より作成

に追い込まれ、労災と認定されるケースでは30代が最も多く、20代、40代も多くなっています。

このうち、自殺件数は全体で81人（前年度比22・7％増）となり、年代別では40代と30代が多くなっています。この年代は責任あるシビアな状況におかれ、上司と部下との板挟みになったりしていることもあって、自殺に関しては全体の約6割を占めています。しかし、年間の自殺者が3万人をこえる日本の状況から考えると、この数字は氷山の一角ともいえるでしょう。

このような実情が生産性にも影響し、コスト削減に踏み切る手段をとらざるをえず、状況はますます健康グレーゾーンを広げる結果となっています。長時間労働が常態化すれば、我慢に我慢を重ねる日本のビジネスマンのご奉公精神は疲弊し、心身のバランスが崩壊して、手遅れになってから「病院へ行きます！」という事態が起こっても不思議ではありません。

このような従業員一人ひとりの努力によって、日本企業は成立しているともいえます。こうした忍耐は企業には感謝されるものでこそあれ、決して非難されるべきものではありません。しかし、この状況はやがて巨額のコストを企業に強いることになるでしょう。それは少しずつ着実に企業を蝕《むしば》み、５年後、10年後には、コストを回避している企業と、コストを放置している企業の差は、決定的に大きなものになっていると予想されます。

企業がやらねばならない義務とは？

我慢、辛抱、忍耐をもって働く従業員に対し、企業は給料以外に何を提供しているのでしょう。そして、それは従業員の目に見える形で反映されているのでしょうか。

国は企業に対し、労働災害を防止する対策などを推進し、職場における労働者の安全と健康を確保することを目的に「労働安全衛生法」の遵守を義務付けています。簡単にいえば、働く現場で従業員が職業病にかかったり、ケガをしたりしないよう、安全で、健康的に安心して働くことができる環境をつくる義務があるということです。

海外生活はストレスが多いもの⁉

企業側がこれを怠った状況下で死亡事故などが起こった場合は、民事上の安全配慮責任が問われますし、場合によっては労働安全衛生法違反で送検されることもあります。悪質な場合には、業務上過失致死罪などの刑事責任を問われることもあります。近年は過労死が認められることも多くなり、企業側はこれまで以上に従業員（パート・アルバイト含む）に対して、十分な安全配慮を行うことが求められています。

衛生状態や医療体制がよくない海外拠点へ従業員を派遣する場合も同様です。安全配慮を怠り、海外へ派遣する社員やその家族が感染症にかかったり、ストレスによるメンタルヘルス不調を起こしたりすれば、早期帰国を余儀なくされ、業務に大きな支障をきたします。問題が起きると、他の社員もその地域へ赴任することに強い不安をもち、以後、赴任を辞退する人が増加する事態も起こりえます。

企業が安全衛生活動を行う目的は、主に法令遵守であるように思えるかもしれませんが、もうひとつ重要な目的があります。それは、業務内容にあった安全衛生活動を行い、快適な職場を従業員に提供し、生産性の高い労働を実現するというものです。近年、この戦略的ともいえる安全衛生活動が注目されています。企業は、ただ法の範疇で従業員を守るだけでなく、経営にもプラスとなるような取り組みを始めているのです。

安全衛生管理を怠った場合の企業の損失

▼企業にとって大切な人材の損失となる。
▼労災補償の対象となると共に、労働基準監督官による是正勧告を受けることがある。事故によっては、管理者が労働安全衛生法違反や業務上過失致死傷罪などの刑事責任を問われることがある。
▼労災上積み補償を支払わねばならない場合がある。
▼本人や遺族等から損害賠償請求を起こされ、裁判で民事上の責任（安全配慮義務違反）を争うことになる。
▼事故に接した従業員がショックを受け、社内の空気も悪くなる。
▼事件が報道されて、会社のイメージダウンにつながる。

◎事例5 労災 立川宏さん（仮名＝58歳男性・メーカー工場内の機械メンテナンス担当）

ある日、立川さんは3メートルの高さがある機械上部のメンテナンスを依頼された。その機械を修理できる人間がほかにいなかったので、ベテランの立川さんが脚立に上がって修理することになった。ところが、修理中に運悪く足を滑らせて転落し、右足を骨折してしまった。すぐに救急車で運ばれて手術を行い、2週間の入院。その後、リハビリの訓練を受け退院した。

立川さんの一件は労災として認定された。立川さんは事故が起こった日が、会社が掲げていた「無災害日数3000日」の達成目前であり、自分のせいでそれが途絶えたことを心苦しく思っている。立川さんは間もなく復職したが、元の仕事を行うことは困難なのでデスクワークを中心にしている。ただ、立川さんでないと修理できないことや、引継ぎ指導ができておらず後継者がいないこともあって、立川さんは不自由さがあっても頼まれれば修理を行っている。

労災保険の仕組みは、使用者側（企業側）において労災防止の「落ち度」があったかどうかは問いません。企業側に過失がなくても労災は成立します。「無過失責任主義」というこの仕組みは、労働者災害補償保険法で定められています。

企業がすべての補償を行うとした場合、大企業は補償を行えるでしょうが、財政的に余力がない中小企業では、補償が十分に行えないことも考えられます。被災者やその家族が等しく補償を受けられるよう、労災保険の仕組みが作られているのです。死亡災害や重度の障害が残る場合に備えて、労使協定や就業規則で、労災上積み補償を定めている会社もたくさんあります。

今回のケースでは、労働基準監督署からの是正指導はなく、企業の責任は問われませんでしたが、立川さんの会社では事故のあと「脚立を使用する際は、最上段まで上がらないこと」という正しい使用法を周知徹底させ、想定される作業に見合った高さの脚立も購入しました。

健診結果の数値はどのように活かすのか？

通常、労災の対象となる傷病は、職務に関連して起きてしまったケガや病気、死亡について認定されます。生活習慣病がじりじりと慢性的に忍び寄り、症状が出て労働の妨げになったとしても、労災の対象にはなりませんが、そうなるとわかっている従業員に対して「今のうちに何とかしたい」と思うのが企業の本音です。

そこで、企業はふだんから従業員の健康づくりのために「労働安全衛生法」を遵守して、従業員に定期健診を受けさせます。健診の結果、出てきた数値を参考にして、社員の健康悪化を防ぎ、健康増進を図るのです。肥満や高血圧の人に、運動しろとかカロリーの高いものを食べるな、などと口を出すのはそのためです。

しかし、どのように環境整備をしても、「健康でいたい」という本人の意思がない限り、双方によい結果はもたらさないでしょう。「ええっ、夜遅くまで仕事をさせられて、いったい誰のためにこうなったと思ってんだ」と文句をつけたいところでしょうが、能率よく仕事を片付ければ時間的な余裕も生まれます。健診結果の数値が気になるなら、病院で精密検査を受ける時間も生み出せるというわけです。

企業によっては、従業員に少しでも健康なからだと頭脳でよい仕事をしてもらおうと、健診の数値に問題のある人を面接したり、ノー残業デーを作ったり、従業員食堂のメニューを見直したり、休憩室や仮眠室を設けたり、緑の庭園を設けたりして、健康環境を整え始めたところもあります。予防には費用がかかりますが、その費用を節約することよりも、将来的な従業員の健康を重要視している会社が増えてきているのです。

生活習慣病は他人事ですか？

◎事例6　糖尿病　東野崇さん（仮名＝45歳男性・鉄工所鋳造工程で3交代勤務に従事）

東野さんは39歳で結婚するまで病気とは無縁で、健康への関心は低かった。40歳のとき、会社の健康診断で糖尿病の疑いがあると指摘されたが、仕事が忙しいことを理由に受診しなかった。その後の健診でも、血糖の異常値が続いていたが放置していた。

3年後、健康診断で血糖値がさらに悪化していることが判明し、会社の保健師から必ず受診するよう説得されて、しぶしぶ病院に行った。糖尿病と診断され、インスリン治療のため2週間の入院。血糖値を下げるためのインスリン治療（1日3回のインスリン注射）を始め、栄養・運動についての指導も受けた。

退院後は本人の希望もあってすぐに職場復帰したが、産業医の面談を受けたところ、入院前の交代勤務に戻ることは困難と判断された。鉄工所内は非常に高温度であり、また糖尿病のインスリン治療初期の段階では低血糖発作を起こす可能性が高いこと、さらにこの会社では夜勤時に発作が起きたとしても対応が難しいことなどが、その理由としてあげられた。
そこでまず生活のリズムを整え、治療に専念することが必要と判断され、「交代勤務禁止」の就業制限が課せられた。上司は東野さんの抜けた穴を埋めるため、人事課長にかけあい、増員を要求した。それ以降、午前8時から午後5時までを業務時間とし、2年たった今も毎週通院している。

糖尿病は生活習慣病の最たるものです。生活習慣病とは、食生活や運動、喫煙などの生活習慣が発症原因に深く関与していると考えられる疾患の総称です。かつては50歳代に多く発症が認められていたので「成人病」と呼ばれていましたが、今では20歳代前後の若者にも増加し、子どもにも増加傾向がみられるために「生活習慣病」と改称され、年齢、性別に関係なく悪い生活習慣から発症するものとして、予防対策が重要視されています。

生活習慣病である高血圧症、脂質異常症、糖尿病の推定有病者数を合わせると、全人口の47％になり、生活習慣病は日本の国民病ともいわれています。

糖尿病の本当の怖さは合併症にあります。糖尿病は、やがて失明を引き起こす網膜症、透析が必要になる腎症、手足などの末梢の組織が腐っていく壊疽《えそ》などの深刻な病態を引き起こし、社会活動や日常生活に障害をきたしたり、命を落としたり、さまざまな悲劇の原因となります。だからこそ、節制した生活習慣を身につけることが重要なのです。

がんは防げないと思っていますか？

◎事例７　乳がん　高木千春さん（仮名＝33歳女性・パート６年目、製薬工場内で軽作業に従事）

高木さんは入浴中、左胸の乳房にしこりが触れるのに気付き、総合病院の乳腺外科を受診した。検査の結果、乳がんと診断され、切除手術が必要となった。

高木さんは悩んだ。乳房にメスを入れるのは女性としてあまりに辛い。何度も主治医や看護師に相談し、腫瘍とその周辺の組織だけを切除する乳房温存術を受けることを決心した。手術後１週間の入院が必要で、会社に出られるようになるまでには、さらに３週間の安静が必要だといわれた。

しかし社の規定では、パートは病気休暇を１カ月間取ることができないため、高木さんは上司と相談し、いったん退職して治療に専念することにした。退院後は定期的に放射線治療を受けながら、再度会社と契約して仕事を続けている。

がん（悪性新生物）もまた、生命を脅かす危険な病気です。２００８年の死因別死亡

図４　性・年齢階級別にみた主な死因の構成割合（2006年）

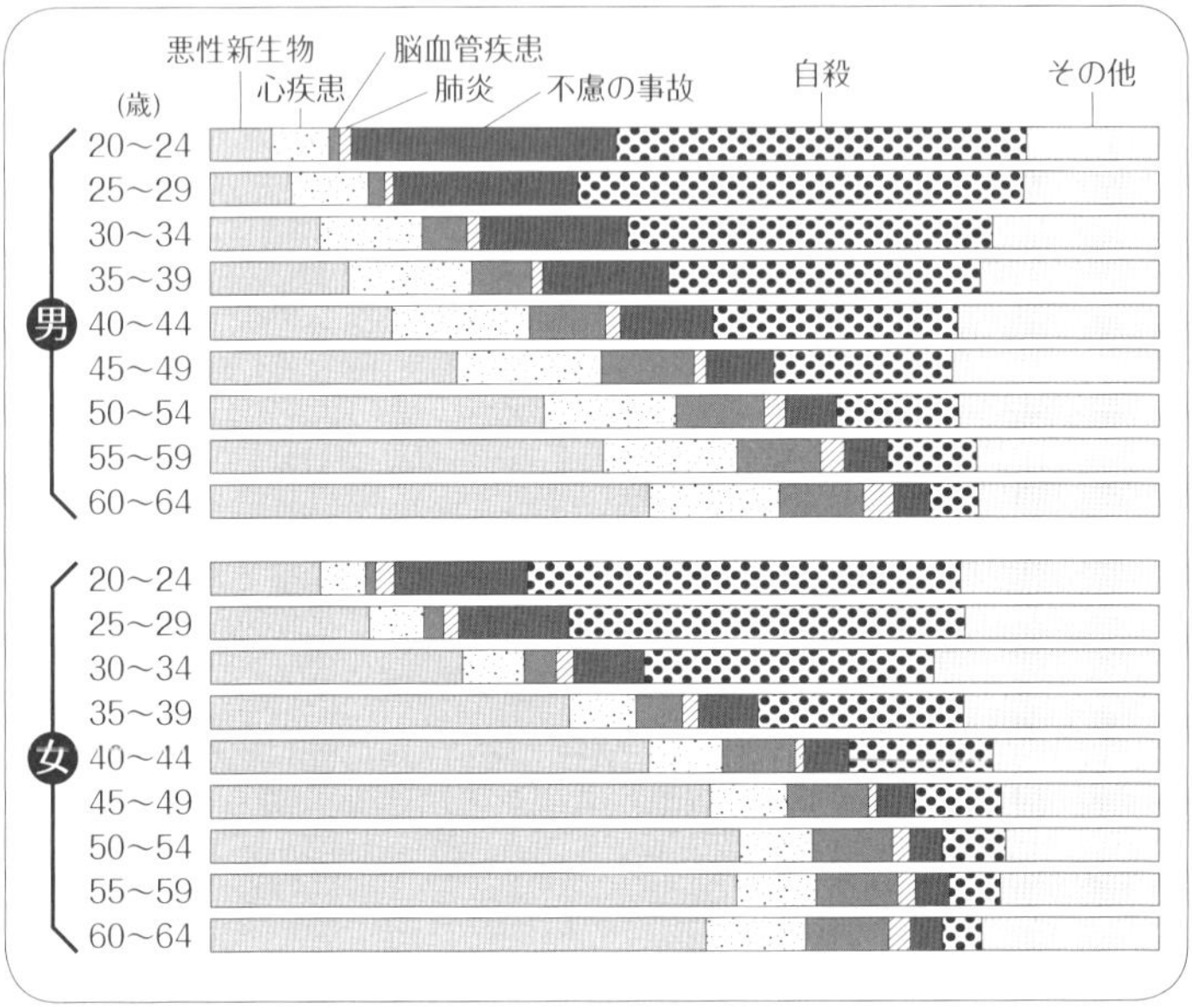

厚生労働省「平成18年人口動態統計月報年計（概数）の現況」より作成

数では依然として1位（30％）で、日本人の3人に1人ががんで亡くなっていることになります。

年齢別に死因の構成割合をみると、男性では45〜49歳、女性では35〜39歳ぐらいから、がんによって亡くなる人の割合が増えていきます（図4参照）。特に女性の割合の急増が目立ちますが、女性が専業主婦などの場合は健康診断を受けなかったり、忙しさから自分の健康を後回しにしがちだったりすることが影響しているのかもしれません。

がんの部位別死亡数をみる

と、1位は「肺がん」で、２００8年の1年間で、男女あわせて約6万７０００人が亡くなっています。2位は「胃がん」で約5万人、3位は「大腸がん」の約2万３０００人と、この３つのがんが全体の約４割を占めています。

現在、医学の進歩などによって、がんが発見された人のうち、約半数は治るようになりました。特に、進行していない初期の段階で発見し、適切な治療を行うことで、非常に高い確率で治癒します。このように、がんを初期の段階で見つけるために「がん検診」があるのです。

がんは遺伝するといわれていますが、じつは喫煙、食生活および運動などの生活習慣が原因である場合が多く、これらに気をつけていれば発がんリスクを下げることができます。今や日本のオフィスから喫煙室は消えかけています。従業員食堂でヘルシーメニューを充実させる会社もあります。企業にとっても、投資コストとリスクを天秤にかければ、従業員の健康に投資するほうが効率がよいというわけです。

生活習慣病の本当の怖さ

健診の数値を指摘され、精密検査を受けるようにすすめられても、「まだいいだろう」

と放置しておくと、徐々に病魔に冒されていきます。

事例にあげた東野さん（糖尿病）と高木さん（乳がん）は比較的発見が早く、そのために早期に治療を受けて快復しましたが、どちらも発見が遅れたら最悪の場合、死に至るおそれがあるケースです。生活習慣病の怖さは、糖尿病や高血圧などから動脈硬化をきたし、心臓病や脳卒中などのきわめて危険な病態を引き起こすことにあります。

こうした危険な病気を発症すると、仕事と生活にどのような影響が及ぶのでしょうか。あなたが突然、脳卒中で倒れたとします。脳卒中は一度大きな発作が起きると、半身麻痺や言葉の障害などの後遺症が残ることもあります。脳が損傷される病気ですから、損傷を受けた部位が司る身体機能に支障をきたします。この病気は入院する期間が他の病気に比べて長く、またリハビリによる治療も長期化する傾向があります。

こうした病気にかかって後遺症が残れば、たとえリハビリである程度の日常生活ができるようになったとしても、今までどおりの仕事はできませんし、介護など、家族の負担も増えることもあります。また長期間、職場を離脱することになりますから、退院しても以前とまったく同じように働くことは難しいといわざるをえません。

糖尿病治療中に職場復帰した東野さんの場合、交代勤務ができなくなったために夜勤手当がなくなり、家計にダメージを与えました。透析をする生活になったり、からだに麻痺が残ったりした場合には、今までどおり会社で仕事ができなくなるかもしれません。適応できる仕事がないときは休職満了で退職となる場合もありえます。こうした事態は本人、家族はもちろんのこと、会社にとっても大きな損失を生むのです。

生活習慣病が増加した場合の企業の損失

▼業務を続けられないような健康状態の場合、配置転換が必要になったり、国内外への転勤や出張などを制限されたりするケースが増える。
▼心筋梗塞やがんなどで、在職中に長期休業したり、死亡したりする従業員が出ることによって、人材を損失する。
▼体調不良による能力低下や通院のために時間を浪費する。
▼長期休業による医療費や傷病手当金の支出が増加し、健保財政が悪化する。その結果、企業が負担すべき保険料の増額や健保組合の解散につながるおそれがある。

「自分は感染しない」となぜいえる？

２００９年には新型インフルエンザが世界中に流行して、残念ながら日本でも死者が出ました。それ以前にも、鳥インフルエンザやＳＡＲＳ（重症急性呼吸器症候群）といった感染症の脅威が騒がれたこともあります。

社員がこうした感染性の病気になっても、会社は学校のように閉鎖することは簡単ではありません。しかし、病気の社員がそうとは知らずに出勤してきてしまったら、感染が拡大してしまうかもしれません。ウイルスを家庭に持ち帰ると、被害は家族にも広がります。だから会社は、感染の予防を社員に呼びかけ、「マスクの着用」「手の殺菌消毒」の励行など、人からうつされない、人にうつさないために必要なことを周知する必要があります。

インフルエンザの蔓延、結核の発生等による企業の損失

▼集団で休業する社員が出て、業務に影響が出る。
▼医療費支出が増大する。
▼消毒や接触した従業員に対する検査や業務の一時中止などを保健所等から指示

され、事業に影響が出る。

▼業種によっては、イメージ低下による損失が発生する。

▼出荷に影響が出て、顧客の信頼を失う。また社会的に不可欠な製品（薬など）の場合は、社会的責任を問われる。

従業員の健康づくりに熱心な企業では、玄関ロビーに入ったとたんに、来客に明るさとパワーを感じさせます。きびきびとした健康な社員たちの姿は、揺るぎない会社の姿勢や誠実さを印象づけられるでしょう。魅力的な会社にするために、健康会計の試算を始めてはいかがでしょう。

第２章

処方箋としての「健康会計」

「会計」で何ができるのか

健康会計とは、企業が安全衛生・産業保健活動にかけた費用と効果を会計上の手法を用いて表すことを意味します。企業や健保が社員の健康のために、何に、どのように、いくらお金を使ったのかを明確にし、それに対する効果を算出します。健康会計の真の目的は、「コスト削減」ではなく、「コストの有効利用」なのです。

現在のところ、ほとんどの企業・健康保険組合（健保）は、その費用と効果を健康会計の基準で明確に表すことはできていません。多くの企業では、財務的な視点で費用の一部の計算をすることに留まっています。これでは企業が本当に支払った費用は把握できないと、健康会計では考えます。健康会計を提案する第一の目的は、企業が投資した費用を明示的に表すところにあります。

それともうひとつ、健康会計には「管理会計」としての大きな役割があります。管理会計の説明をする前に、そもそも会計とは何かということをお話しします。

会計には企業の経営状態を明らかにするための「財務会計」と、企業が将来達成すべき目標に沿って、「何を行うべきか」を検討するための「管理会計」があります。管理会計は、企業内部でさまざまな意思決定がなされるときに、有用な情報を作成し、業績を評価するなどの判断材料に用いられます。

つまり、企業が将来的な「社員の健康増進」「社内の安全衛生向上」「医療費の増大抑制」などといった目標を立て、何を行うべきかを検討するときに、健康会計を用いれば、経営上の指標として根拠と道筋が明確になり、経営者の意思決定が容易になるのです。そのためには、費用と同じように、効果も目に見えるかたちで表さなければなりません。

現在のところ、健康会計は提唱されたばかりで、管理会計として完成されているとはいえず、すべての安全衛生・産業保健活動に適用できるまでにはなっていません。しかし、部分的であっても健康会計を導入すれば、企業経営の中で有効利用することができます。それが、安全衛生・産業保健活動の推進や改善につながると考えられます。

数値化＝見える化が最初の一歩

見えていないものを「見える化」すること。これが、健康会計の第一歩です。

まずは、「円」（通貨単位）という共通の言語で、誰にでも「お金の流れ」が一目でわかるようにするのです。その上で、企業のお金のかけ方を見直し、無駄なもの、効果を出せていない取り組みを改善することを目指します。

一方、有効な取り組みは、その効果が正しく評価できれば、取り組みを継続するための根拠となります。さらに株主、従業員、健保、または同業他社、マスコミ、取引銀行など、企業に関わるすべての利害関係者（ステークホルダー）とのコミュニケーションツールや、企業内外にアピールできる素材にもなります。それがこの健康会計という新しい仕組み作りの中で、重要視している部分でもあります。

ここからは、「費用」と「効果」の「見える化」について、実際にどのように考えればよいかを示していきます。

◎見える化①：費用の算出

次ページの表3は、ある会社が行った安全衛生施策の「緊急・救急対応」の費用と効果を健康会計で表したものです。

この場合、通常「経費」として計上されるのは、外部講師費用（①）と購入したＡＥＤ（自動体外式除細動器《じょさいどうき》）の代金（②）です。ＡＥＤは減価償却期間が3年であり、1年分を経費として計上しています（ここでは3年後の残存価格を0としています）。

見逃してはならないのが活動への社員の参加コストです。この表では③と④の人件費に相当する費用が、この「活動への参加コスト」にあてはまります。避難訓練は業務時間中に1時間かけて行われたため、社員はその間職場を離れ、仕事をすることができません。

表3　健康会計の例：緊急・救急対応
（産業医大方式 安全衛生コスト集計表）

	詳細	費目	コスト							
			経費	減価償却	投資	人件費に相当する費用				
			経費額（円）	減価償却費（円）	投資額（円）	1時間当りの人件費（円）	時間	人数	回数	合計（円）
1. 緊急・救急対応										
緊急避難訓練	なし	経費	¥0							
	人件費 3,000円×1時間×600	活動への参加	❶			3,000	1	600		¥1,800,000 ❸
救急救命講習	外部講師1名（3回分）	経費	¥60,000							
	人件費 3,000円×3時間×60名	活動への参加		❷		3,000	3	60		¥540,000 ❹
備品（AED）	本年5台購入（1台30万円）減価償却期間3年間	経費	¥0							
		減価償却/投資		¥500,000	¥1,500,000					
具体的活動内容	避難訓練は、全従業員（600名）が参加、全従業員の平均給与額は、1時間あたり3,000円とした。									
効果	外部医療機関主催による救急救命講習年3回を3年前より開始。600名中180名修了。AEDは事業所内のどの場所でも5分以内にアクセス可能となっている。 ❺									

◎この表で使用した「産業医大方式 安全衛生コスト集計表（簡易版）」を巻末に収録しています。また、同詳細版は下記ウェブサイトからダウンロードできます。
→ http://ohtc.med.uoeh-u.ac.jp/health-accounting.html

そこで、③のように「1人当たり1時間の人件費（平均時給）×時間×人数＝活動への参加コスト」と考えます。④の救急救命講習も同じです。

これを見ればわかるように、実際には経費よりも、こうした活動への参加コストのほうが、より費用がかかっていることがわかります。この健康会計表だと、一目瞭然で把握できます。

一方、これが財務諸表に載った場合、この会社が「緊急・救急対応」にかけた費用は①＋②＝56万円だけです。しかし、実際に企業にかかっているコストは、活動への参加コスト③＋④＝234万円を合計した290万円になります。

このように健康会計では、財務会計だけでは見えない数字をどんどん見える化することで、ひとつの活動に企業がどれだけの費用をかけているかを明確にすることができるのです。

◎見える化②：効果の算出

効果については数値化できるものとできないものがあります。なぜならば、お金を使うことによって生まれる効果には多様な形態があり、もし数値化するとすればその対象はある意味で無限だからです。

そこでまず、「簡単に数値化できるもの」の話をします。

先の表4では、数値化できるものとして、⑤が示されています。「全従業員600名中、180名が講習受講修了」「どこからでもAEDまで5分以内にアクセスできる」というのがここで出された数値です。

この「5分」という数字は、とても大きな意味を持っています。なぜなら、不整脈などを起こして心肺停止になったとき、AEDの使用が1分遅れるごとに、死亡率が7～10％ずつ上がるといわれているからです。

それでは、この効果を貨幣化するとどうなるかやってみましょう。

AEDにアクセスできる時間が1分短縮した場合の効果（損害賠償額のみ）は、

> 《従業員数×1年間で心肺停止となる確率×7％×死亡した場合の損害賠償額》

このように、数値化できる効果は強引に貨幣化することもできます。

電球を60Wから100Wに交換したときの効果は？

しかし、効果は「AEDまで5分以内にアクセス可能」と、すでに明らかになっていますので、貨幣化して表現する必要性はあまりありません。

また、先ほどの数字は精度の点でも問題があり、かつ損害賠償額を表現したにすぎません。大切なのは、出した効果をどう評価するかです。健康会計は「できる限り、貨幣化、数値化してわかりやすくする」というのが目的であり、何もかもをお金に換算しようというものではないのです。

◎見える化③：数値化が困難な効果

次に、「数値化することが困難なもの」とはなんでしょうか。それは、将来的なリスクの回避や人間の感情などです。リスクの回避においては先ほどの計算式と同じように、将来的に起こりうるリスクを算出すればできないわけではありません。しかし、本書で提唱する健康会計では、数値化せずにそのまま評価していこうと考えます。

たとえば、職場の電球をすべて60Wから100Wに交換したとしましょう。その場合、電球の代金と交換作業をする業者に支払う代金が費用となります（ここでは、人件費は考えないものとします）。

それでは効果はどうでしょうか。それは40W分だけ職場が明るくなったということです。しかし、それ以外にも派生する効果が多くあります。目の疲れが和らぎ、ある人は職場が明るくなって気分がよくなる、そんなことも効果といえます。一般に、効果がさまざまな場所に波及することはよくあることで、単に数字で表現するのみでは過小評価となりうるのです。

「緊急・救急対応」の例でいえば、「講習を通して企業の姿勢を理解した」「ＡＥＤへの抵抗感がなくなった」という人が増えたとしたら、それも効果と呼べるでしょう。しかし、それらを数値化するためにはかなりの労力が必要です。そのわりに、出てきた数字の精度も高くないことが多いでしょう。

結局、大きな労力をかけて、低い精度の数字を算出する価値は少ないといわざるをえません。数値化が困難な効果は、無理やり数値化しない。これが健康会計の裏側にある重要な考え方です。また、健康に対する効果はすぐに表れるとは限らない、ということを注意しなければなりません。また、たとえ効果が表れたとしても、その効果が年間を通して持続するかどうかは明らかではない、ということも考慮する必要があります。

図５　マイナスを減らしたことを「プラス」と考える

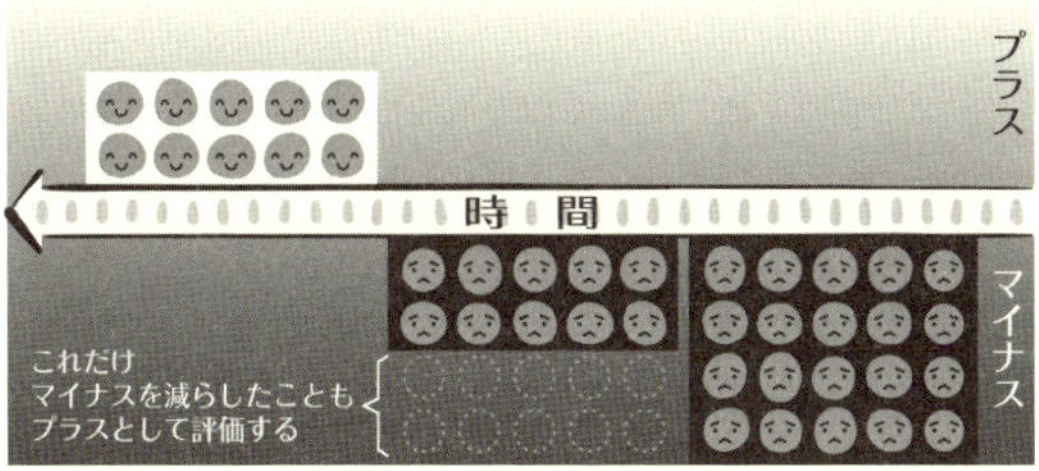

「損失が減る」という効果を見える化する

健康に対する働きかけの中には、一朝一夕で効果が表れないものがあります。社員の健康管理やメンタルヘルス対策などは効果が表れるのに数年かかることもあるでしょう。そのような状況を反映するため、健康会計では、現在の「損失が減る」ということも効果のひとつだと考えます。

たとえば、メンタルヘルスの問題に企業が取り組んだ場合、「元気な人が増える」「職場内のコミュニケーションが改善され、各人の仕事に対するモチベーションが向上した」といったことは、明らかにプラスの効果だといえます。

しかし、健康会計では図５に示したように、放っておけばマイナスになったけれども、そこに投資したおかげでマイナスになることを防いだ、このことも効果と考えるのです。具体的な事例で見てみましょう。

①うつ病で休む人が減少する

この場合は、「休む」というマイナスがどれだけ減ったかによって、その効果を考えます。たとえば、前年には休職者が150人だったのが、翌年には120人に減ったとします。すると、減った30人分の損失を削減した＝30人分プラスの効果が出た、ということになります。また、人数に人件費と時間をかければ、貨幣化することも容易です。

②職場でのコミュニケーションが活発化し、ラインケア（上司が部下の不調に気付き、産業保健スタッフに相談するなどの対応を行う）が積極的に行われた。

職場に不満を持つ人の割合が6割以上というアンケート結果があります。職場の風通しをよくするための取り組みがなされ、職場環境が改善されストレスを感じる人が減少したとすれば、その減少分を効果としてとらえることができます。

ストレスが少なくなれば、将来的に心の病にかかる人も減少すると考えられます。さらに、積極的な声かけなど、風通しのよい職場では、「健康グレーゾーン」の人も見過ごされず、大病を患う前に健康を取り戻し、100％のパフォーマンスを発揮できます。これらすべてのマイナスを減らすことを、「プラスの効果」ととらえることができるのです。

しかし現状では、企業はすでに抱えている病気をなくすことに予算と労力の大部分を費やし、将来的な損失を減らす施策に十分な予算はあてていません。取材に伺ったどの企業の担当者も「本当は健康な人にもっとお金を使いたい」と語っていました。

だからこそ、健康会計では周囲を納得させるために、共通の言語である「円」や「数字」で表そうと考えます。健康会計で、「損失を減らせばこれだけの効果を生む」ことを表現できれば、目に見えない将来のためにお金を使う根拠を示せるのではないでしょうか。

効果指標のマッピング

企業における健康の影響を考える際、死亡する、病気欠勤するなど、健康に対する直接的な影響の大きさとともに、企業責任の大きさも重要な要素となります。

同じ「死亡」でも、「労働災害による死亡」と「私傷病による死亡」では、影響の大きさは違います。労働災害であれば、企業は刑事的、民事的、社会的責任を問われることになります。ですから効果を貨幣化する場合は、これらの要素を考慮に入れて行うことが大切です。

個人における健康影響の大きさと企業責任の大きさの２軸で表現した図６で、測定し

図6　効果指標のマッピング

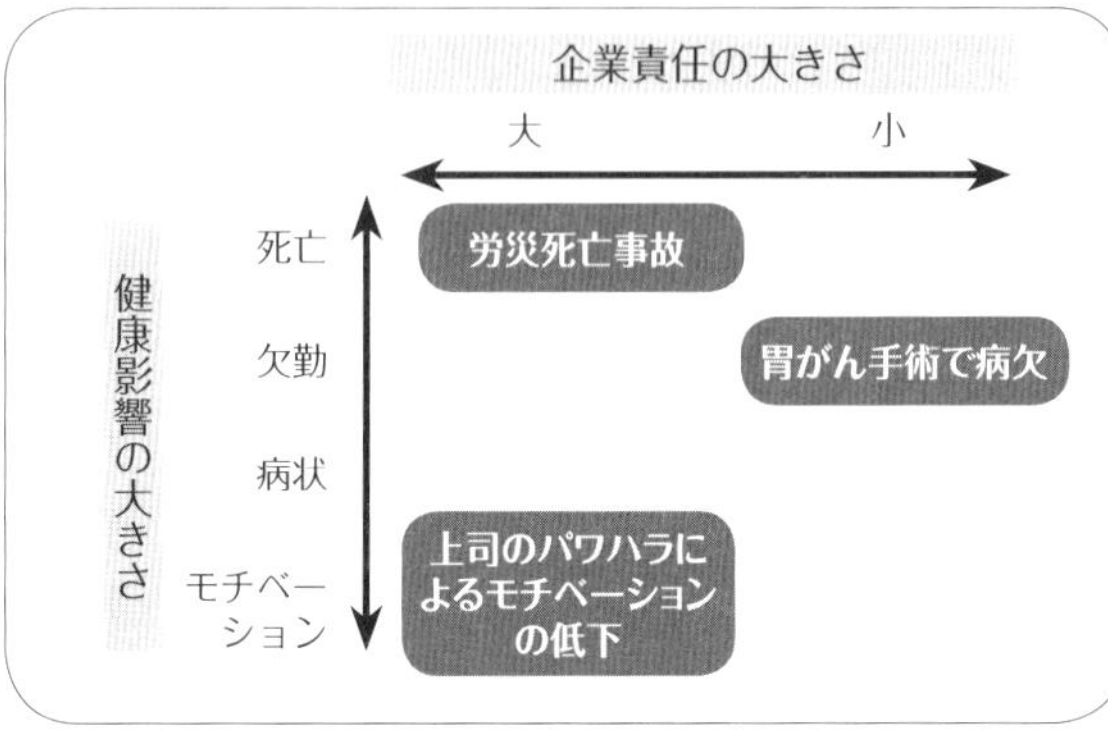

た評価を表現することができます。これによって、安全衛生・産業保健活動の効果の会計的な評価が可能になります。

一方でこのようなマッピングが行えず、貨幣化もできない効果については、記述した形のまま評価として残すのがよいでしょう。なぜなら、これら貨幣化できない効果の多くは、将来的に企業が社員のニーズにこたえ、課題に取り組む際の重要な情報となりうるからです。

健康会計の活動仕分け

ここまで、企業の安全衛生・産業保健活動のうちの、ほんの一部の例を用いて健康会計の考え方を説明しました。しかし、企業が行っている施策は健康診断や作業環境測定などさまざまで、それ

表4　企業の安全衛生・産業保健活動の項目

1：緊急・救急対応	11：労働安全衛生マネジメントシステムの維持管理
2：設備、備品等	12：労働安全衛生活動全般の維持管理
3：作業環境測定	13：免許、作業主任者等の講習
4：健康診断	14：安全衛生教育
5：健康管理	15：会議
6：メンタルヘルス対策	16：パトロール
7：安全衛生部署運営	17：啓発活動
8：IT 関連	18：労働災害関係
9：健康の保持増進活動	19：その他
10：福利厚生	

らをすべて合わせて安全衛生・産業保健活動となります。

健康会計では、一つひとつの項目を明らかにするとともに、全体をイメージすることも大切です。全体をつかむことができれば、どの項目に何％のコストを割り当てるか、また現在の割り当てが妥当であるかなどを検討することができます。

◎活動仕分け①：活動ごとのコスト

企業の安全衛生・産業保健活動を、コスト積み上げという側面から表4にまとめてみました。

この表にある活動すべてが、ひとつの企業に関係するのではありません。4「健康診断」や、7「安全衛生部署運営」のように、必ず行わなければならない活動もありますが、3「作業環境測定」が関係するのは粉塵《ふんじん》や有機溶剤などを扱う製造業等に限られます。

◎活動仕分け②：活動の内訳を見る

実際に企業で行われている安全衛生・産業保健活動の内訳を見ていきましょう。

図7で示した円グラフは、経費の内訳を示したものです。2つの事業所とも、健康診断、作業環境測定は外部に委託しており、その経費が多くなっています。

事業所Ⅰでは、メンタルヘルス対策として、外部機関に相談、カウンセリングを依頼しており、その経費が計上されています。一方、事業所Ⅱでは社内の産業保健スタッフのみで対応しているため、経費が発生していません。

このように、円グラフを見るだけでは、どのような活動をやっているのかわかりません。実際の活動と、経費の円グラフを比較することで、活動の評価を行うことができます。全コストの分析を行う際は、経費に人件費を加えて評価します。

産業医は従業員の健康コンサルタント

「産業医」といわれて、ピンと来る人はどれほどいるでしょうか。「ああ、会社のお医者さんね」と思う人はいるかもしれません。しかし、その「会社のお医者さん」は、いったい会社で何をしているのか、何のために会社にいるのか、十分に認知されていないのが

図7　安全衛生・産業保健活動の内訳

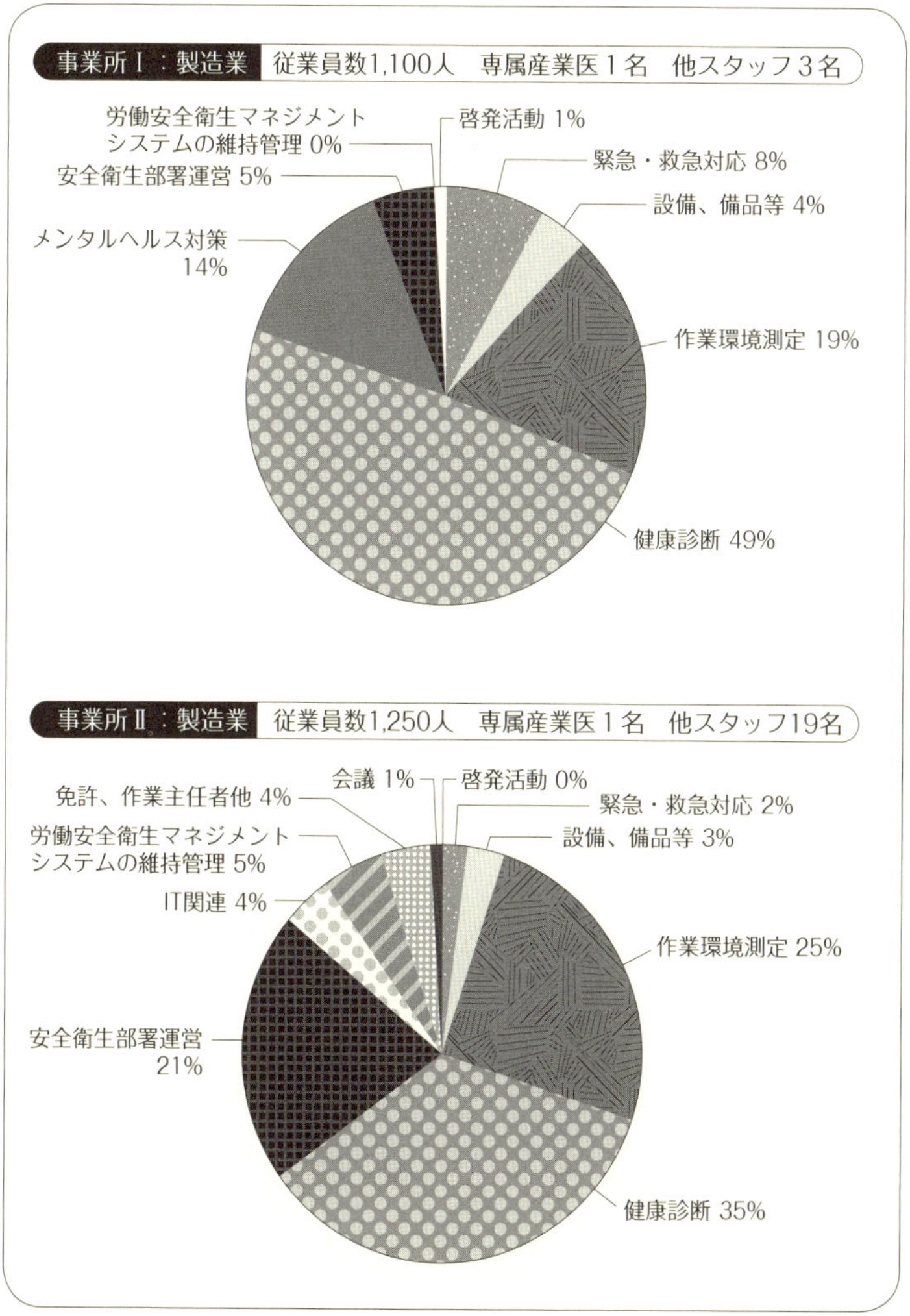
事業所Ⅰ：製造業　従業員数1,100人　専属産業医１名　他スタッフ３名
労働安全衛生マネジメントシステムの維持管理 0%
啓発活動 1%
緊急・救急対応 8%
設備、備品等 4%
安全衛生部署運営 5%
メンタルヘルス対策 14%
作業環境測定 19%
健康診断 49%
事業所Ⅱ：製造業　従業員数1,250人　専属産業医１名　他スタッフ19名
会議 1%
啓発活動 0%
免許、作業主任者他 4%
緊急・救急対応 2%
労働安全衛生マネジメントシステムの維持管理 5%
設備、備品等 3%
IT関連 4%
作業環境測定 25%
安全衛生部署運営 21%
健康診断 35%

実情でしょう。

企業で働く人々の健康管理をする医者を「産業医」と呼びます。産業医になるには、医師免許証とは別に産業医の資格が必要です。労働安全衛生法により、一定規模以上の企業（正確には事業所）にはこの産業医を置くことが義務付けられています。

たとえば、事業所の人数が50人以上の場合、企業は必要に応じて勤務する「嘱託産業医」を選任する必要があります（労働安全衛生法施行令第5条）。一方、事業所の人数が1000人以上（注：定められた有害作業に従事している場合は500人以上）だと、企業は一般の社員と同じようにフルタイムで勤務する「専属産業医」を選任する必要があります（労働安全衛生規則第13条）。

産業医は企業において、従業員の健康・衛生管理の支援を行います。とはいっても、毎日診療所で患者を診るわけではありません。「医者の活動＝患者を診る活動」と思われるかもしれませんが、産業医の仕事は診療が中心ではありません。なかには診療をまったく行わない産業医もいるくらいです。

従業員の病気を治すのではなく、従業員が病気になったときに企業としてどう対応していくかを考えたり、従業員が病気にならないように工夫したりするのが産業医の仕事です。また、企業組織全体の健康を考えるのも重要な仕事です。産業医は企業の中で唯一の「医学の専門家」として、企業の経営に関わるのです。

◎産業医を活用しよう①：産業医はよき相談相手

産業医は企業の予算を使って企業活動を行うわけですから、一般社員と同じように企業の業務内容を理解しておく必要があります。熱心な産業医のなかには、新入社員に混じって入社時の研修に参加する人もいます。また、経営者を理解するために経営学のセミナーに参加する人もいます。

そうやって、企業理念を深く理解しながら「今この会社に必要なのはどんなことか」を考えるのです。企業との関わり具合でいえば、おそらく一般社員とさほど変わらないのではないでしょうか。

もちろん、医者であることも間違いありません。社内に診療所がある場合は、必要に応じて診療もし、薬の処方も行います。

しかし、産業医が頻繁に使う知識は、医学や福祉の分野に限定しただけでも、臨床医学各科の知識、公衆衛生学、中毒学、人間工学、疫《えき》学、運動生理学、栄養学、労働安全衛生法・労働基準法等の法律など、たいへん幅広い分野にわたります。そのような産業医を現場はもっと利用すべきだ、というのが健康会計の考え方です。

たとえば、先ほど示した活動ごとの経費の仕分け、適当な費用の分配などは、産業医と協力すればより具体的になります。

◎産業医を活用しよう②：無駄な出費にストップ！

ある産業医は、自分が入社した企業で不必要な健康診断が行われていることを発見しました。その企業では以前、屋内で有機溶剤を使用していた期間があったため、社員は年に2度、有機溶剤の健康診断を受けていました。

しかし、現在は屋外で有機溶剤を使用しており、屋外での使用の際は、法令上健診を受けさせる必要がありません。さらに、仕事の中でどの程度、有機溶剤にさらされているのかを個人ごとに測定した（個人曝露測定）ところ、基準値をはるかに下回る数字でした。企業の安全衛生担当者がこの事実に気付いていなかったため、必要性の低い健診が継続していたのです。

産業医による発見、その後企業への進言が行われた結果、企業は有機溶剤の特殊健診を廃止しました。これにより年間約３００万円のコスト削減ができました。医療費というものは、「万が一、何かあったら」と考えてしまい、なかなかやめられないことも多々あります。また、知識がなければ、無駄があっても気付かないものです。

重ねていいますが、企業の中で、これらの知識や正確な判断力を持つ代表的な存在が産業医なのです。その産業医を単に社内での診療だけのために置いているところがあるとすれば、まさに宝の持ち腐れとしかいいようがありません。

◎この章で使用した「産業医大方式 安全衛生コスト集計表」（簡易版）を巻末に収録しています。安全衛生・産業保健活動によって、具体的にどのような活動でコストが発生するのかがわかりますので、参考にしてください。

◎健康会計で実際に使用していただくためには、すべての項目を網羅した「産業医大方式安全衛生コスト集計表」を用意しました。下記ウェブサイトからダウンロードできます（集計表は、マイクロソフト社の表計算ソフト「エクセル」で作成されています）。
http://ohtc.med.uoeh-u.ac.jp/health-accounting.html

第3章

企業はなぜ、従業員の健康増進に取り組むのか

働く人の健康が企業を支える

第2章では「健康会計」の基本的な考え方とその方法を述べましたが、健康会計の手法を用いなくても、現時点で従業員の健康増進に取り組んでいる企業はたくさんあります。この章では、個性豊かな方法で取り組んでいるいくつかの企業の具体的な課題をみていきます。おそらく企業の数だけ、異なった健康会計の形がみえてくることでしょう。

従業員の健康や安全管理に無関心な企業はありません。また、何も行っていない企業もないといえるでしょう。企業はどこも、限りある予算の中で知恵を絞り、従業員のための施策を行っています。それは単純に「従業員がかわいいから」という理由でもなければ、労働組合が強く要求するからでもありません。企業にとって必要なことだから行っているのです。

病気を抱えながら働いている従業員も多くいますが、その人たちが出社できなければ、誰かがカバーしなければなりません。そういう従業員が増えないようにと、企業は予防に力を入れ始めています。働く人の健康が、競争力強化、生産性向上という意味でとても大切だと、経営者は認識しているのです。

企業戦略としての病気予防と健康維持

◎自社基準で職業性疾病予防：パナソニック

パナソニックが行っている衛生管理には多くの特徴があります。ここでは2つをご紹介します。

ひとつ目の特徴は、健康診断の結果から、心筋梗塞などの心血管疾患のリスクを評価し、独自の基準を設定して予防的な事後措置（場合によって交代勤務禁止などの就業制限を含む）を行っていることです。

血圧やHDLコレステロール値、喫煙習慣などの項目から「今後10年間で心筋梗塞や狭心症などの病気になる確率」を予測し、生活習慣の改善のための指導や、さらに詳しい検査（頸動脈エコー検査等）を実施しています。そして、必要があれば本人、上司、人事部門と協議の上、作業内容や勤務時間などを変更する場合もあります。これは企業としての安全配慮義務を果たす目的とともに、従業員自身の健康障害を予防することを期待しているものです（「日本型 疾病管理モデルの実践」〈じほう〉より）。

2つ目の特徴は、職場の衛生管理を専門的に行う「産業衛生科学センター」を設けていることです。有機溶剤や鉛など有害な物質を扱う職場では、それらの環境中の濃度を年2

図8　パナソニックの管理区分別作業と測定物質の内訳

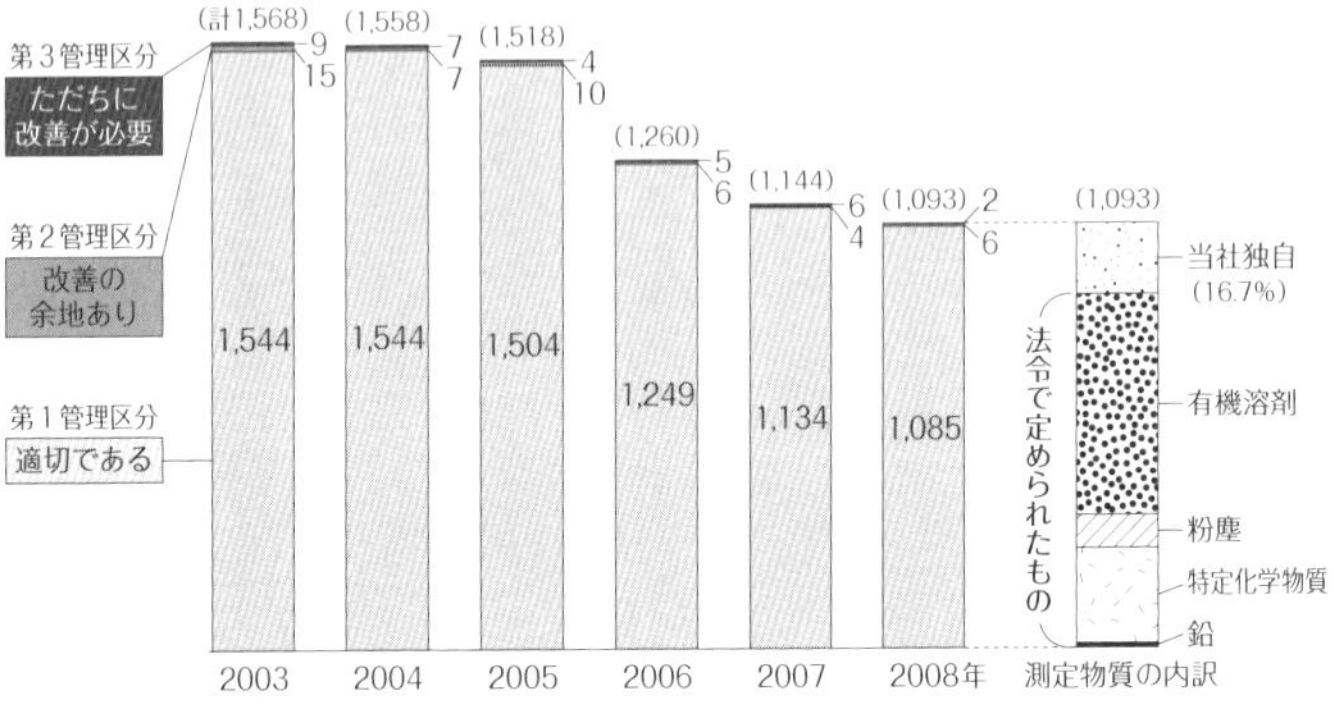

注：第1管理区分（低濃度）……良好
　第2管理区分（低濃度と高濃度の中間）
　第3管理区分（高濃度）……環境中の濃度を下げるよう、改善が必要
　（基準は物質ごとに違なる）　＊データ調査期間は1～12月

回測定することが法律で義務付けられています（作業環境測定）。

パナソニックでは、これら法律で決められた物質の他に、独自の基準で健康影響が高いと考えられる物質の測定を行っており、その数は全体の16・7％にものぼります（図8参照）。

また、作業環境測定の結果は、健康診断の結果を評価する際にも利用され、少しでも問題があれば作業環境の改善を試みるという徹底ぶりで、対象となる有害な物質の使用そのものも年を追うごとに減っています。

さらに、関連会社事業所にもスタッフを派遣し、精度の高い特殊健康診断が全国で実施されています。

表5　三菱電機グループの生活習慣病KPI*

	調査結果						第１ステージ目標	第２ステージ目標
	01	02	03	04	05	06	02～06	07～11年度
適性体重**を維持している人の割合	73.0%	72.8	72.7	72.8	72.5	72.3	76%以上	80%以上
運動習慣者***の割合	11.7%	11.8	13.3	12.8	13.0	14.1	26%以上	40%以上
喫煙者の割合	40.0%	38.3	37.0	36.1	35.0	33.1	30%以下	20%以下
毎食後、歯の手入れ****をしている人の割合	13.3%	13.7	14.3	14.5	14.9	16.7	30%以上	50%以上
ストレス対処能力*****の向上	66.0	67.9	69.4	70.0	70.5	70.7	62以下	59以下

* Key Performance Indicator（重要業績評価指標）の略
** BMI 指数が 18.5 ～ 25 の人
*** １回 30 分以上の運動を週２回実施し、１年以上継続している人
**** 歯磨きだけを意味せず、ブラッシング・歯間ブラシによる手入れ、口腔リンス等を含む
***** MHP21 健康調査のストレスチェックによるストレス影響度で評価

◎生活習慣変えてのばそう健康寿命：三菱電機グループ

三菱電機グループでは「企業の健康度」、すなわち社員の健康水準が、会計財務の健全性や環境への対応度と同じように、企業の発展性や社会貢献度のバロメーターになると考えました。

そこで２００２年３月より、「生活習慣変えてのばそう健康寿命」をスローガンに、三菱電機グループ「ヘルスプラン21」（略称ＭＨＰ21）の推進組織を立ち上げたのです。ＭＨＰ21は単に病気の早期発見や治療にとどまらず、社員一人ひとりができるだけ早い時期から、食生活や運動、休養、嗜好（喫煙）などの生活習慣を見直し、健康を増進し発病を予防する「一次予防」を重視した取り組みです。

表5のように、2001年から06年までの社員の生活習慣を調査し、ステージを前後2回に分けて目標設定をしました。「ストレス対処能力の向上」は一見すると生活習慣病との関連がなさそうですが、過度なストレスの継続が喫煙やアルコールの大量摂取などの原因にもなっていることが加味され、対象に加わりました。会社としての目標を受け、社員全員が「MHP21健康カード」に事業所や個人の目標を記入する仕組みになっています。

このMHP21は、当初は社員の認識度が非常に低かったのですが、ポスター制作、広報誌や委員会での啓発を定期的に実施したおかげで、現在は社員の認識が上がってきました。また、施策に伴って、「毎日体重を測ろう月間」「ウォーキングプログラム」「禁煙川柳」「歯の健康プログラムキャンペーン」「自律訓練法」などの、具体的な取り組みが行われ、参加率も年々増加しています。

同社の産業医は、「MHP21が会社・労組・健保の共同事業として導入された経緯から、健康増進を通して三者をつなぐ共通言語や意識が派生し、衛生対策をこえた連帯感が生み出された印象がある」と語っています。

◎産業医による全従業員面談：富士ゼロックス

富士ゼロックスは1994年より全従業員を対象に、健康診断・人間ドック後に産業医・保健師による面談を行っています。これは「自分の健康は自分で守る」ことを従業員に浸透させることを主なねらいとしており、所見のあるなしにかかわらず、健康診断後、産業医・保健師が従業員の勤務場所に出向いて面談を行うものです。

この取り組みにより、健康診断の結果が悪化する前に指導が行え、またメンタル面の相談にも応じることができます。さらに、全従業員を対象とすることで産業医、保健師との面談に対する抵抗感を少なくするねらいがあります。従業員からは「気軽に健康についての相談ができる」と評判もよく、産業医にも「職場環境を把握できる」というメリットがあります。

メンタルヘルス教育への取り組み

同社では、身体疾患のみならず、メンタル面の健康を維持するための取り組みを積極的に行っています。まず、全員面談において、その人が置かれている職場環境やその人の健康状態を診断し、そこで問題があれば原因を解明して、サポートを行っています。

また、上司が部下の積極的な聞き役となり、部下の状態を理解・共感するための実践的な方法を学ぶ場として、管理職を対象にリスナー研修（積極的傾聴法を学ぶ研修）を行っています。2007年度までの累計の受講者数は約1000名となりました。これは富士ゼロックス単体の管理職の約半分にあたります。現在は、一部の関連会社でも研修を開始しています。

長時間労働に対する産業医面接

同社ではまた、時間外労働が以下の一定の基準に達する従業員には、産業医との面談を義務づけています。

・月間時間外労働100時間超の勤務実績のある従業員
・直近2カ月平均の時間外労働80時間超の勤務実績のある従業員
・時間外労働が3カ月連続50時間をこえた者、または直近3カ月が150時間をこえた者で、産業医が必要と認めた従業員

対象者と面談の結果、健康上の問題がある場合には、時間外労働を減少させるよう、部門長に指導が行われます。面談の実施により、面談対象者の数が期初と期末に多く、期中に減る傾向があることも判明しました。

◎昼休みのシェイプアップでメタボ対策：三井化学

三井化学では、産業医の土肥誠太郎さんが健康管理室長を務めています。これは土肥さんの「産業医はスタッフとしての役割ではなく、企業の健康づくりの施策に対して一貫した責任を負うラインの責任者」という考えのもとに成り立っています。したがって、健康管理室が中心となって健康取り組みの計画策定、遂行、予算管理からスタッフの人事までを行っています。

図9　プログラム立案のための2つの軸

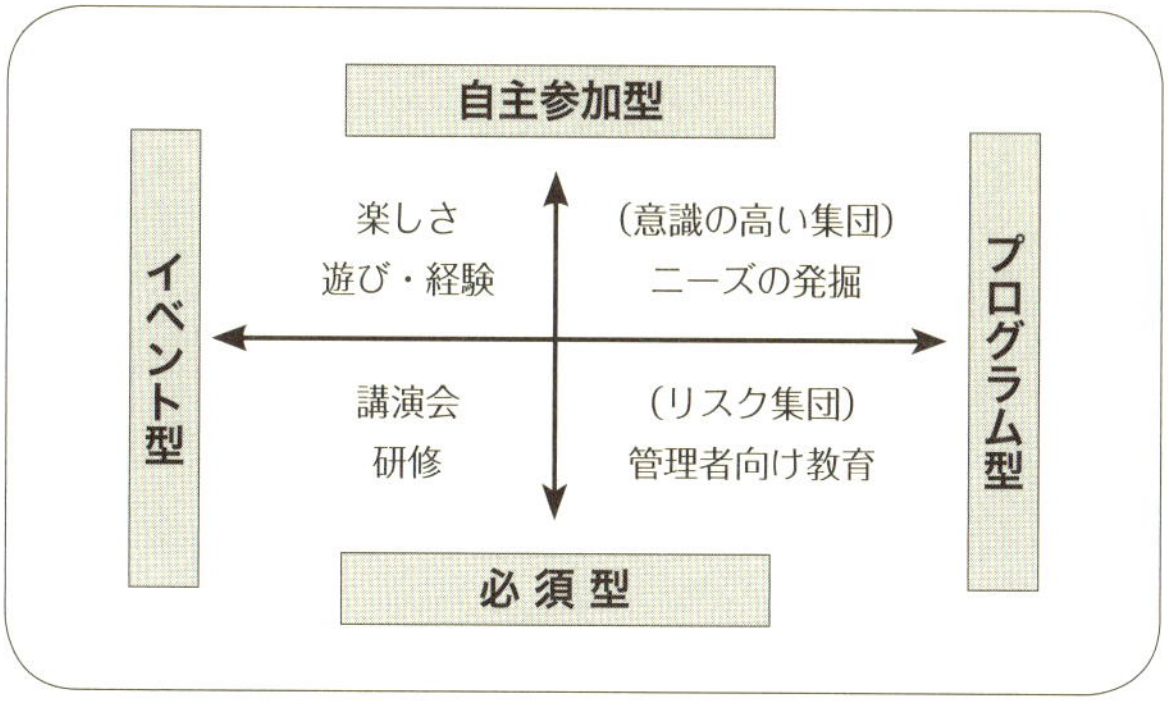

健康管理室スタッフの中でも、特に現場との接触が多いのが保健師ですが、年に1回の全従業員との面談をはじめとして、できるだけ実際に会う機会を増やしたところ、保健師は担当するすべての社員と顔見知りになりました。その結果、気軽に健康相談を受けることも多くなり、自然なコミュニケーションによって社員の健康状態を把握する仕組みができたのです。

また、ふだんから従業員とのコミュニケーションが活発に行われているため、取り組みを行う側とされる側の距離が近く、現場の声がうまく計画に反映されています。

土肥さんは対策を立案する際に、2つの軸によるマトリクスに当てはめて考えます（図9参照）。

まずひとつ目の軸は横軸の「イベント型ープログラム型」です。ここでいうイベント型とは、ウォーキング大会、講演会、研修といった1回または短期間に完了する取り組みを表します。反対にプログラム型は、一定期間継続して実施されるタイプの取り組みのことです。

もうひとつの縦軸が「自主参加型―必須型」の軸です。この図で見ると、後述する社内フィットネスプログラムは「イベント型・自主参加型」に当てはまりますが、ここでは参加者に健康づくりの楽しさを体験してもらうことが目的です。また、特定の健康問題に関して高いリスクを有する集団への働きかけは、「プログラム型・必須型」が、健康意識の高い集団を掘り起こすには「プログラム型・自主参加型」が有効です。

ひとつの健康課題に対して、可能な限り4つの分類それぞれに当てはまる取り組みを立てることにより、多様なニーズを持つ従業員に対して動機づけの機会を与えることが可能になると考えられます。

また、同社は健保組合と積極的に協力し、2008年度に導入された特定健診・特定保健指導項目のメタボリックシンドローム対策などの健康増進施策に関しても、企業側の健康管理室が主体となって、社員に対する働きかけを行っています。

そのひとつが、会社に講師を招き、社内の会議室で受けられるシェイプアッププログラムです。昼休みに参加でき、女性に人気の「ヘルシー弁当付きストレッチコース」では「肩こりすっきりストレッチ」「疲れ目すっきり解消教室」などがあり、慢性的な社員の悩みにもマッチしています。

また、勤務後に行われるヨガや健康太極拳といった「フィットネスコース」のメニューは、忙しい社員でもスーツのまま参加できるため、男性の参加者も徐々に増えてきています。参加者が自分の好みに合わせて選べるようになっているのが同社の取り組みのプログラムの大きな特徴といえます。

安全配慮は企業の責任

第１章で述べたように、企業には従業員が安全で健康に働ける環境を整備する「安全配慮義務」があります。

安全配慮を行わずに労働災害が起こり、社員が負傷したり亡くなったりしてしまう事件に発展すれば、被害者の遺族から訴えられ、「損害賠償」という形で民事上の責任を問われることがあります。また、労働安全衛生法違反や業務上過失致死傷罪など、刑事責任を問われることもあります。

従業員の安全や健康のために、企業は「考えられるリスクを放置していない」ということが、「管理している」という事実を示すためには必要なのです。

図　WLB-QOL のアウトプットイメージ

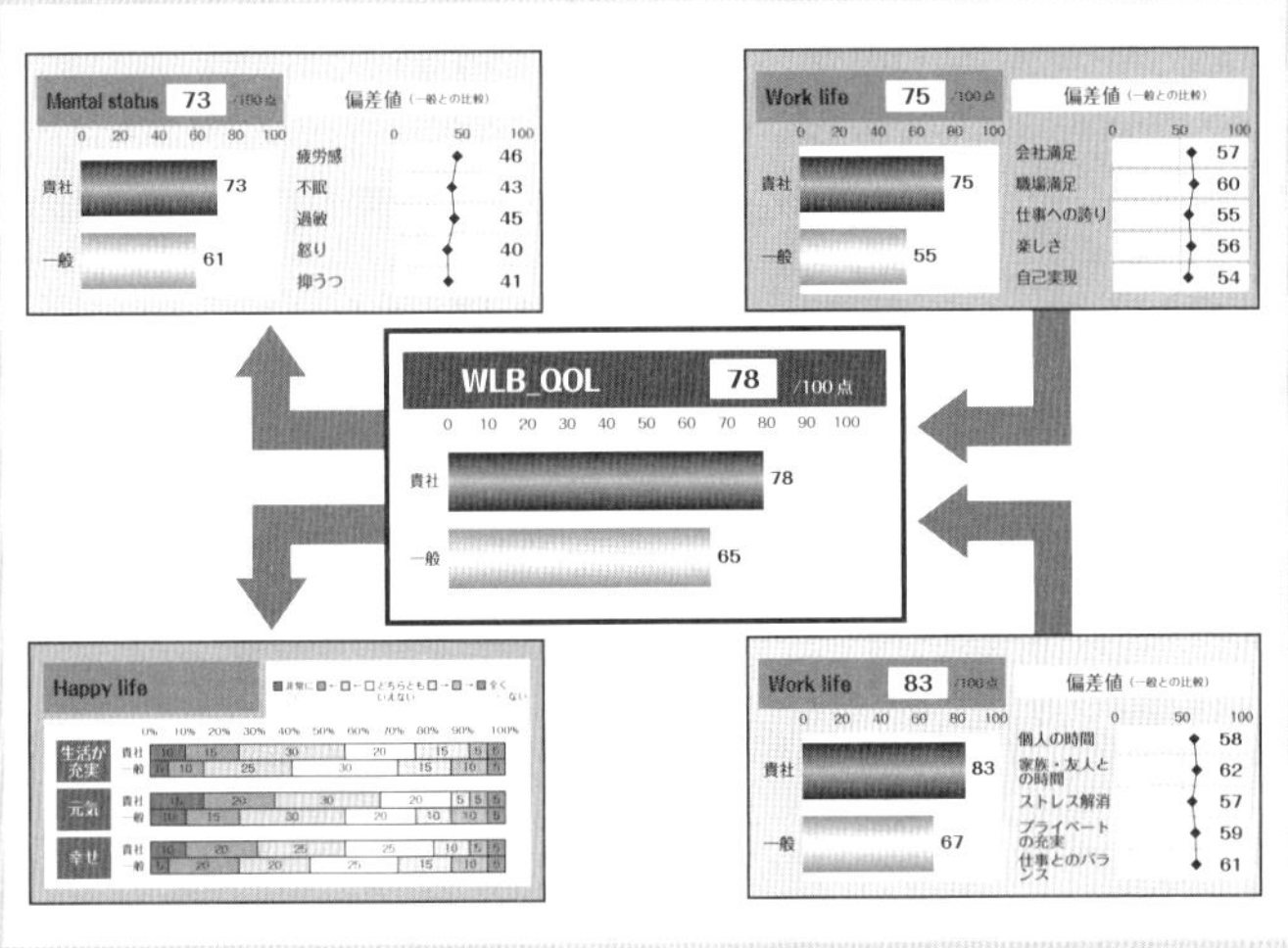

た、一般的な会社員の数値と比較することもでき、優秀な人材を確保するための指標を持つことができます。

従業員が提示する回答の中に、QOL 評価のための重要な情報が十分に埋もれているという新たな観点、潜在的な要素を視覚化し、従業員たちの満足度を上げて「より活力にあふれた元気な会社を目指す」インテージ社の取り組みは、健康会計が目指すものとまさに同じ方向性といえるでしょう。

＊ワーク・ライフ・バランス（WLB）＝老若男女誰もが、仕事、家族生活、地域生活、個人の自己啓発など、さまざまな活動について、自ら希望するバランスで展開できる状態のこと（内閣府男女共同参画会議・仕事と生活の調和に関する専門調査会）

従業員のQOL向上で生産性もアップ
～インテージ～

国内のマーケティングリサーチ業界で圧倒的なシェアを誇るインテージ（本社＝東京）では、自社の技術を活かして「より活力にあふれた元気な会社」を目指す取り組みを行っています。元気な従業員たちの力が生産性に影響し、企業力を高め、ひいては顧客満足につながると考えているからです。

同社は従業員の健康診断結果と、それにあわせて実施したQOL（クオリティ・オブ・ライフ）アンケートの結果を分析し、実際の健康状態と本人の健康に対する意識や満足度との分析を行い、従業員を生き生きとさせるために最も効果的な方法は何かを探りました。そこから、従業員の精神健康度には「勤務満足」が影響することが浮かび上がり、その中でも業務内容や人間関係といった「職場への満足」に対する働きかけが、メンタルヘルスケアには効果的だという結果を得ました。

こういった知見をさらに進化させ、インテージは一般企業を対象にした「ワーク・ライフ・バランス（WLB）*-QOL診断」を生み出しました。アンケートに対する従業員の回答を集め、集積されたデータに対して統計学的な手法を利用した演算処理を行い、従業員一人ひとりが、仕事や仕事以外の生活をどれだけ自分の望んだバランスで展開しているか、展開するために不足している要素は何かを視覚化します（図参照）。

それによって経営者側は現状を把握でき、何に働きかければ従業員のWLB-QOLを高められるのかを検討できます。ま

◎マスクのフィットテスト：エクソンモービル・ジャパングループ

エクソンモービル・ジャパングループは、会社独自に労働安全衛生マネジメントシステムを構築・管理している有名な会社です。「完璧な操業のマネジメントシステム」（OIMS：Operations Integrity Management System）と名付けられたマネジメントシステムによって、環境・安全・健康への取り組みを継続的に改善しています。このシステムは、環境の国際的規格であるＩＳＯ１４００１よりも先に開発されました。

エクソンモービル・ジャパングループでは、専門の産業衛生技術者（インダストリアルハイジニスト）が職場を巡視し、有害な因子を科学的に評価し、従業員、協力会社社員の健康および地域への影響を最小限にする対策を実施しています。

最近では、国内でまだ一般的ではない「防毒・防塵《ぼうじん》マスクのフィットテスト」に取り組み始めました。たとえば、製油所で試料抜き取り作業を行う際に、石油類の蒸気を吸ってしまうことを「曝露《ばくろ》を受ける」といいます。したがって、このような場所で作業を行う場合、作業者は防毒マスクを使用して曝露を防ぐ必要があります。粉塵が発生する作業についても、同様に防塵マスクを使用することがあります。

しかし、せっかくマスクを着用していても、正しい装着方法を行わないと「漏れ」が発生します。つまり、有害物質がマスクの「漏れ」から口や鼻に入り、曝露することになるのです。この「漏れ」がないかどうかを確かめることを、フィットテストといいます。

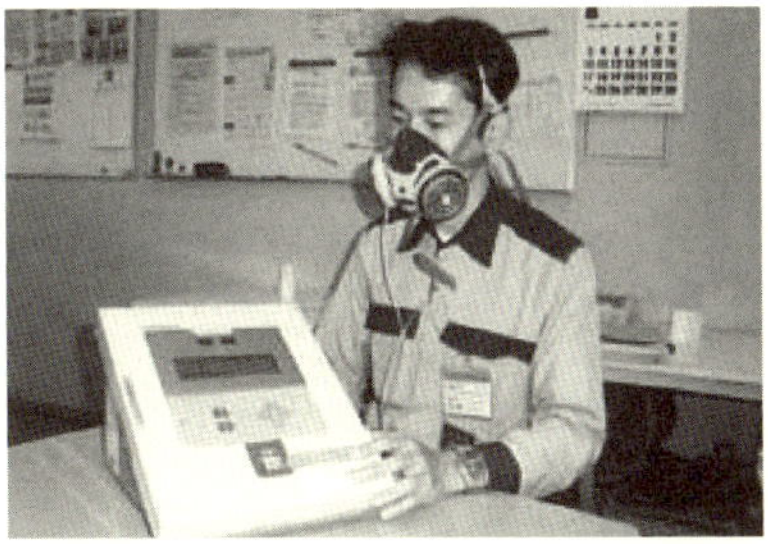

エクソンモービル・ジャパングループで行われている防毒・防塵マスクのフィットテスト
（http://www.exxonmobil.com/Japan-Japanese/PA/Files/CCR2008_Japan_Safety.pdf より）

フィットテストは、欧米などの先進国では広く行われており、アメリカやシンガポールでは法律で義務付けられています。しかし、日本では法規定がなく、ほとんど行われていません。

同グループではこの問題に早くから着目し、積極的に取り組んできました。現在では、防毒・防塵マスクを使用する可能性のあるすべての工場従業員（計約１５００名）が、フィットテストを受けています。

マスクを着用する際に重要なのは、作業者の顔面にマスクが確実にフィット（密着）していることです。同グループでは上の写真のように、半面型マスクを実際に作業者に着用してもらい、フィット性を測定器でテストします。正しくフィットしていない人にはマスクの着用方法を指導します。たとえば、あごひげをたくわえているために、フィット性が思わしくない場合は、本人に改善するよう指導することもあります。

従業員の健康と企業の社会的責任

欧米に比べると、日本の企業と従業員は絆が深いといえます。いくら合理的な考え方が受け入れられるようになっても、日本の企業は株主を重要視するのと同様に、従業員を大切に思っています。従業員も自分や家族より、仕事を優先することが多いのも事実です。

企業には、そのような従業員の健康を保つ責任があります。一生懸命、会社のために働いてくれた社員たちが、やめてすぐに病気になったとき、「もううちの会社には関係ない」という経営者はいません。同じように、社会や環境、地域住民に対しても、自社の利益のために犠牲にするようではいけません。このような企業の社会的責任はCSR（Corporate Social Responsibility）と呼ばれています。

数年前から、従業員のための健康施策を自社のウェブサイトで公開する企業が増えました。こういった情報の多くは「CSR報告書」の中にまとめられています。企業が従業員の健康づくりに取り組んでいることが、外にアピールできる素材として扱われ始めていることは好ましいことです。

２００８年からは、工場での新入社員教育でもフィットテストを導入しており、新入社員に対しても正しくマスクを着用する重要性を熱心に働きかけています。

闘う健康保険組合

企業の健康保険組合（健保）の重要な仕事のひとつに、「健康診断」があります。誰でも一度は受けたことがあるはずの健康診断ですが、「面倒だ」「時間がない」といって受けない人がいるのも事実です。特に、被保険者の配偶者や家族まで実施についての情報が届かないことが多く、健保を悩ませています。

「健康診断を受けないのは個人の自由だ」と思う方もいるのかもしれませんが、被保険者や家族が病気になってしまった場合、健保がその医療費を負担します。従業員本人やその家族の病気は、健保にとっても他人事ではありません。そこで、各健保は知恵を絞り、健康診断の受診率を上げ、もっと健康に関心を持ってもらおうと努力しています。

◎家族の健康の基点は主婦：小松製作所健康保険組合

小松製作所健康保険組合（以下、コマツ健保）では１９９９年から独自に、被保険者と被扶養者の生活習慣病対策を始め、メタボ健診にもその枠組みを活用するなど、先進的な取り組みが注目されています。

まず、コマツ健保は、社員の約半数以上が既婚者であることに目をつけました。そこで、配偶者（おもに主婦）こそが家族の核であり、家族全員の生活習慣を改善するためには主婦への働きかけが重要だと考えました。コマツ健保の生活習慣病予防は多岐にわたっていますが、その中に「主婦健診システム（コンピュータードック）」や「ヘルシークッキング倶楽部」など、配偶者向けの施策を組み込んだのです。

配偶者の健康意識を変えるには、まず、配偶者自身の健康に目を向けてもらわなくてはなりません。しかし実際のところ、配偶者の健診受診率は平均4％程度と低く、関心が高いとはいえない状態でした。

また、配偶者の多くは健診を受ける習慣がないか、もしくは長い間受診していないため、自分の健康状態を知らない人がほとんどでした。一方で、じつは多くの配偶者は健診を受けることを希望し、自分の健康状態に強い関心があることもわかりました。

コマツ健保では当初、どのように配偶者に資料を届けるかが課題となっていました。社員（被保険者）に対して、職場で健保組合からの資料を配布しても、家庭に持ち帰ってもらえなければ、配偶者の手には届きません。

そこで、コマツ健保は3カ月かけて、社員（被保険者）全員に対して、配偶者の連絡先（住

配偶者に郵送されるピンクの封筒（左）と、「コンピュータードック」の問診・回答書類（右）。主催者は小松製作所健康保険組合、コマツ安全・健康推進部、全コマツ労働組合連合会となっている。こうした三者一体となって保健事業を行う体制が構築されていることも大きな特色である。

所）調査を実施し、健保から家庭へと直接アクセスができる環境を整えたのです。また、多くの郵便物に紛れて捨てられてしまわないよう封筒を明るいピンク色にし、配偶者から「ピンクの封筒は健保からの案内」という認知を得ました。

　配偶者に直接アクセスできる環境を手に入れたコマツ健保は、次に自宅でできる問診形式のコンピュータードックを導入しました。

　質問は約３００項目にわたり、「たえず頭痛がする」「めん類の汁はほとんど全部飲む」といった質問に回答するだけで、

社員のニーズにどう応えるのか

「会社の健康施策に満足していますか?」よく、こういったアンケートを見かけます。もちろん、「はい」と答える人が多い企業ほど、自分が働く会社に満足している人や健康な人が多いでしょう。

しかし、ただ単に社員が喜ぶ取り組みを行って満足度を上げたとしても、実際に社員の健康増進につながっていなければ、取り組みの成果が上がったとはいえません。「満足度＝効果」ではないのです。それでも、初めから社員が興味を持たないような取り組みであれば、参加者が少なく、やはり全体としての効果も低くなります。

だから担当者は、健康増進の数値的な効果を上げられ、さらに社員が積極的に参加できるような取り組みを一生懸命考えます。社員は老若男女、好みも十人十色です。会社にとって今必要な取り組みは何かを分析し、ターゲット層にはどういう働きかけが有効かを検討する。その上で、働きかけをどう実現していくのか。そこが、担当者にとってはいちばんむずかしいところなのかもしれません。

健康状態や生活習慣をかなり確認できるようになっています。受診者は指定期日内に回答を返送するようになっており、後日「保健アドバイス」を受け取ります。

さらに回答用紙を返送すれば、インセンティブとして抽選で健康食品などが当たる仕組みを作り、返送しない場合は健診の補助が受けられないようにしました。それでも返送してこない配偶者には、郵送で返送を促すなどのフォローアップも行っています。こうした取り組みが効果を上げ、コンピュータードックには2005年度の初年度から対象者の約70%が参加しました。

こうして、まず配偶者が自分の健康状態を知り、健康的な生活に必要な、正確な知識と情報を手に入れれば、配偶者は日々の食事に配慮するなど、家族の健康に対しての働きかけを行うようになります。この「主婦へのアプローチ」を積極的に行って以降、配偶者の健康に対する意識が高まり、人間ドックなどの健診受診率も2007年度には約28%にまで上昇しました。

今から始めるなら健康会計を！

ここまでご紹介してきたように、企業や健保は従業員の健康管理やリスク管理に手間と費用をかけています。しかし、その費用や、それによって得られた効果を企業はいったいどうやって把握しているのでしょうか。

現在のところ、ほとんどの企業は効果を独自の方法で算出しています。健康診断のデータを解析し、また社員にアンケートをとって健康状態や職場環境が改善したと感じるかどうか、直接聞いている会社もあります。費用に関しても同じです。第2章で扱ったような「参加コスト」まで費用として計上している企業は少ないでしょう。

自社でこうした健康増進活動の状況把握ができている企業は、健康会計をこれまでの取り組みの結果を検証するツールとして活用できます。今から健康を重視した企業戦略を始めよう、あるいは安全衛生管理を見直そうという企業には、ぜひ健康会計を役立てていただきたいと思います。健康会計はコンサルティングツールとして、大きな力を秘めているのです。

第４章

「健康会計」が生む よい循環

誰のための健康会計か

健康会計を行うことには、企業そのものや、企業に関わる社員、健康保険組合、株主の間に、健康に関して「円」で表現される共通言語が生まれるという大きなメリットがあります。

◎「社員」は健康会計で会社を知ることができる

驚いたことにアメリカでは、社内のインターネット上でのフィットネスプログラムに参加し、効果が出れば本人にキャッシュバックされる会社もあるそうです。ネット上のバーチャルな世界ではあっても、社員に健康づくりを意識してもらうことが、将来的な医療費抑制につながると考えられているからこその取り組みでしょう。また、そういったプログラムの情報や効果も社員に公表されています。

日本ではどうなのでしょうか。みなさんは会社が行っている健康施策の費用や成果についいて、どの程度知っていますか。

昨今は「CSR（企業の社会的責任）報告書」の中で、産業保健活動や安全衛生についての記述を見ることも可能となりましたが、身近な言葉が少なく、読んでもよくわからないという声も聞かれます。

健康会計は、従業員の健康管理に関する費用と効果を明らかにすることで、企業と従業員を健康にしていこうとする新しい考え方です。もし、具体的な活動の種類ごとに整理・集計されれば、会社が社員に投資した内容と結果がわかるという利点が生まれます。

これまでは、「社員の健康づくりのために、どんな取り組みをしてほしいですか」と聞かれたとき、判断するのに有用な情報は公表されていませんでした。社員一人ひとりがそれぞれの好みで判断するしかなかったのです。しかし、健康会計が公開されていれば、同じ質問をされたときに、「これは効果が出ているからもっと続けてほしい」と、判断できるようになるのです。

「会社は自分たちの健康のために、こんなに投資をしているんだ」と感じることができれば、それは社員にとって幸せなことであり、かつ、会社にとっても社員のモチベーション向上、帰属意識向上につながるというメリットがあります。

◎「企業」は健康会計で経営の説明ができる

企業は健康や安全を守る安全衛生・産業保健活動にだけ、費用を割くわけにはいきません。多くの事業活動の一部として安全衛生活動を行います。どの活動にどれだけの投資をするかという意思決定の判断材料として、健康会計は利用できます。またお金を使う場合、株主やその他のステークホルダーにその理由を説明し、納得してもらう必要があります。この種の説得のためにも、健康会計を利用することができます。

ここで、企業経営に健康会計を取り入れるメリットを解説するときのキーワードを考えてみましょう。

まずは、「放っておくと損失になる」ということ。第3章で述べたように、健康や安全は、対策をとらなければ将来的に損失になるという本来の性質があります。

具体例をあげると、「花粉症（プレゼンティーイズム）の対策を事前に行えば、生産性が従来の同じ時期より20％上昇する」とか、「メンタルヘルス研修を行うことで職場内のコミュニケーションが活性化し、新しいアイデアが生まれて新商品開発につながった」というようなことです。

次に、「他の会社と比較できる」。当たり前のことのようですが、これまで統一の基準がなかったため、この分野では難しかったことです。同種同規模の企業が、安全衛生の活動に自社の何倍ものお金をかけているとわかれば、対外的には自社の取り組みがおくれをとっている可能性があることを認識し、対内的にはそれを引き合いに出し、自社の取り組みを推し進めることができます。

このように、健康会計を用いれば、企業のお金を使う根拠を示すことができるのです。

健康会計で生産性向上

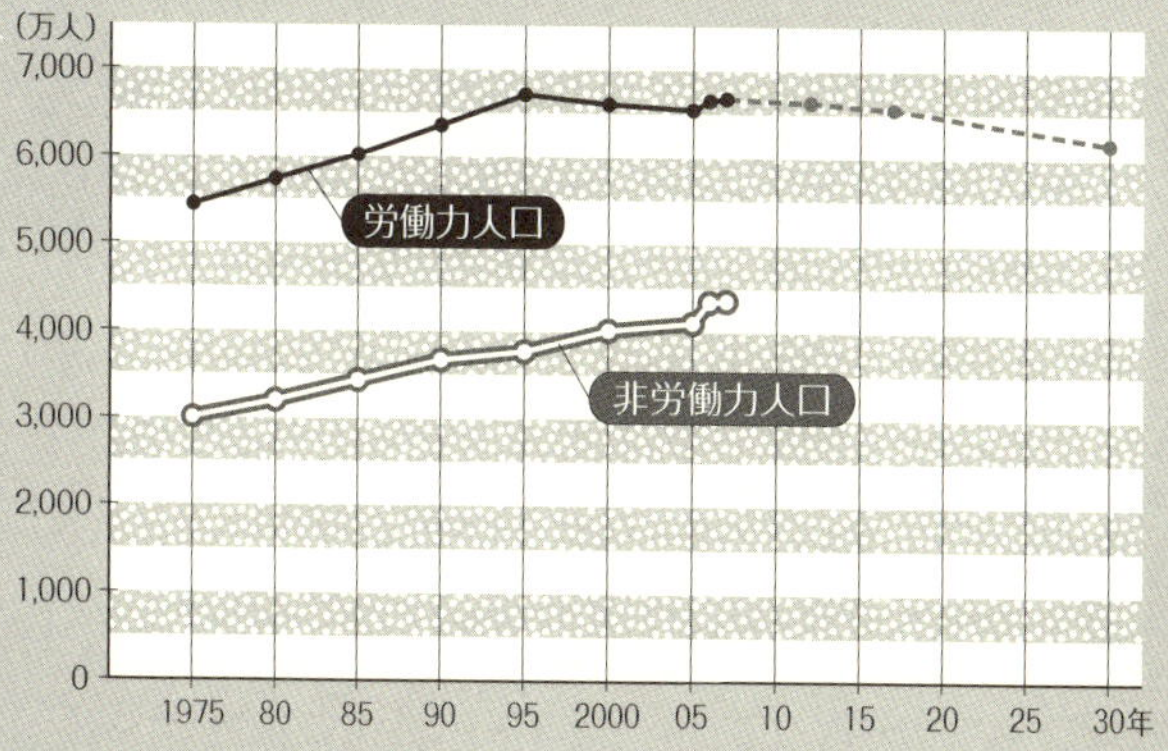

総務省統計局「国勢調査報告」（2009 年）による各年 10 月 1 日現在の 15 歳以上の労働力人口と非労働力人口の推移。2012 年以降のデータは、厚生労働省職業安定局推計「労働市場への参加が進むケース」（2007 年 11 月）による 15 歳以上労働力人口の将来推計による。

日本の労働力人口は、1998 年をピークに減少傾向にあります。反対に、高齢化に伴って非労働力人口は長期にわたって増え続けています。

今後も、団塊世代の大量退職など、状況はさらに悪化すると予測されており、企業が生き抜くためには社員1人あたりの生産性の向上が不可欠です。一人ひとりが健康を維持、増進することがますます大切になってきます。

図10　ある大規模健保組合の経常収支の推移

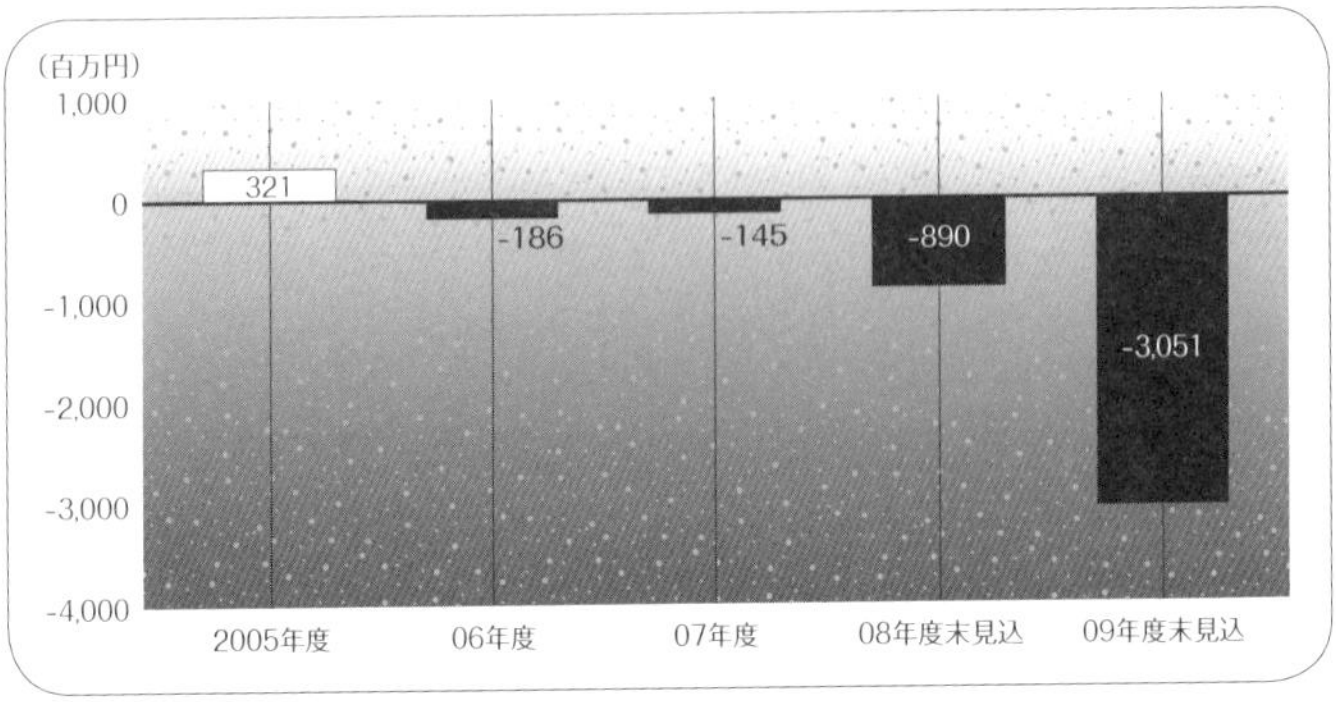

◎「健康保険組合」は健康会計で企業に協力できる

健康保険組合は企業と異なり、原則として「健康によい」「健康の向上に役に立つ」という目的でお金を使える組織ですが、１９９０年代のバブル崩壊以降は慢性的な財政難に陥っています。

健康保険組合連合会は、２００８年度の決算見込みの概要で、加入している健保組合（１４９７社）のうち、約７割が経常赤字だと発表しました。図10はある健保組合の財政状況ですが、こちらも２００６年度以降、赤字が増加し続けています。

なぜ、このようなことが起きているのでしょうか。じつは健保組合を取り巻く環境や仕組みの変化に原因があります。

たとえば、高齢者医療への拠出金や退職者給付拠出金が増加し、ただでさえ少子高齢化によって保険料収入が激減している健保組合に対して、医療保険給付費は容赦なく増えています。がんや糖尿病などの生活習慣病による１００万円以上の高額医療も、治療法の拡充から増額してきています。

　このように財政に構造的な問題があれば、使えるお金にゆとりがなくなってしまうのは当然です。昔のように、社員が総じて若く、掛け金が存分に入り、潤沢な財政を利用して都心にビルや宿泊施設をどんどん造るというような時代ではないのです。

　では、どうすればいいのでしょうか。健保組合はテーブルの真ん中に「健康会計」を置いて、企業と協力しあえばいいのです。健康施策を行う知恵やデータがあっても、他の施策に比べて優先順位が低ければ、ただちに実行に移すことは企業の場合には困難です。しかし、健保組合は元来、被保険者・被扶養者の疾病予防、健康増進が一義的な目的です。健康施策に取り組むことは、健保組合にとって優先順位が高いというわけです。つまり、健保組合なら健康施策を速やかに実行することができるのです。

　健保組合との協力関係を重視する企業は、健保組合に企業側の優秀な人材を送り込みます。第３章で述べた三井化学では、企業側の人間である産業医が間に入り、企業と健保が協力して保健事業を行えるよう工夫しています。

　今すぐにはこのような円満な関係を築けなくても、健康会計を導入し、「円」という共通の言語ができれば企業とコミュニケーションが取りやすくなります。

　日本人の死因第１位は「がん」です。その予防は重要な課題です。しかし、がん検診は労働安全衛生法が規定する項目に含まれないので、健保が補助を出してがんに関する健康診断を実施しているケースが多いのです。健保組合が主体になれば、社員の身近にいる産業医や保健師が積極的に働きかけ、健診受診率を高める努力をすることも、きめ細かなフォローを行うこともできます。

企業側と健保組合がコミュニケーションを活発化させ、双方にとってプラスとなる関係を築ければ、相乗効果が期待できます。もちろん、この相乗効果が社員にとっても有益であることは間違いありません。

◎「投資家」は健康会計で投資ができる

最近は、積極的に「エコ（環境保全活動）」に投資している企業に、投資家の注目が集まっています。同じように、将来的に企業がみな「健康会計」を導入し、健康管理に関わる事象を定量的な会計情報にまで高めることができれば、企業の宣伝の素材にもなると考えられます。

健康会計の情報は、財務諸表や株価などの指標とは違った角度から各企業の経営状態や体力を示す情報になります。同一の基準を用いるため、他社と正確に比較することもでき、投資情報としても役立ちます。

投資家にとっていちばん重要なのは、投資する企業の未来像です。健康に対する取り組みはすぐに効果が表れるわけではありません。しかし、10年後、20年後、その企業の社員が健康であるのかということは、企業の未来に直結します。健康会計を通じて、投資家は企業の未来像を想像することが可能なのです。

健康会計ビフォー・アフター　～安藤機器（仮称）の物語～

2009年10月1日

木村さんはこの1週間、眠れない日々を送っています。体力には自信があり、ふだんは激務が続いても眠る時間がもったいないという生活なのですが、この1週間の不眠は相当こたえているようです。

木村さんは55歳。昨年、安藤機器株式会社（仮称）の社長に就任しました。同社では5年前から業績の悪化が続き、2年前に大規模なリストラが行われました。リストラが一段落したときに、木村さんが経営の立て直しを託されて社長に就任したのです。今年は創業50年の節目の年で、木村さんは創業家以外で初めての社長でした。

1週間前、入社以来ずっと苦楽をともにしてきた同期の鈴木取締役経営企画本部長が、心筋梗塞で亡くなりました。中国への出張中のできごとでした。

葬儀は部下や元上司、取引先などたくさんの知人、友人が集い、生前の鈴木本部長の交友範囲の広さと人柄がしのばれるものでした。葬儀の際の鈴木夫人の言葉が、今も木村社長の頭から離れずにいます。

「主治医からは、仕事をセーブしないとからだがもたないと警告されていたんですよ。少しは出張を控えたらとすすめていたのですが、夫は『今が正念場だから、俺が率先して動かないと』と、聞く耳を持ちませんでした。たまに早く帰ってきて家族で食事をすると、仕事の話を楽しそうにしていたので私も応援していたのですが、こんなことになるなんて……。鈴木は本当に会社と仕事が大好きでした。木村さんのこと、いつも頼もしそうに話をしていたんですよ。『木村と一緒に会社を建て直すんだ』と。主人もさぞ無念がっていることでしょう。今まで本当にありがとうございました」

木村社長は、鈴木本部長が糖尿病の治療中であったことは知っていました。食事の後に自らインスリン注射をしている姿を何度か見たこともあります。たばこをやめるように注意したこともありました。けれども、急死するほど病状が悪いとは全く気付きませんでした。ましてや、死という結末が迫っていたことには、思いもよりませんでした。

今日の取締役会は、ふだんより重苦しい空気に包まれていました。取締役会でいつも冷静沈着で、鋭い意見を述べていた鈴木本部長の席は、今は空席です。

「もう二度とこのような気持ちは味わいたくない。社員の誰にもこの気持ちを味わわせてはいけない。二度と社員を失ってはいけない」

木村社長は何とかしなければいけないと決意しましたが、解決の糸口が見つからないまま日々の業務に忙殺されてしまいました。

２００９年10月25日

安藤機器株式会社は従業員数５５００人の工作機器メーカーです。木村社長が勤務する本社には、研究開発部門と人事部門や財務部門などの間接部門があり、１２００人が勤務しています。毎年10月に社内で健康診断を行っており、今日は木村社長が受診する日でした。最終的な診察は、会社で雇っている栗田産業医が行っています。

栗田産業医はこの4月に着任したばかりで、木村社長とは今まであいさつを交わす程度で、ほとんど話したことはありませんでした。「少し相談してみよう……」。木村社長は栗田産業医に相談がある旨を告げ、午後に1時間ほど話す機会を設けてもらいました。

栗田産業医は45歳の女性、相手をまっすぐ見て話す瞳が印象的です。木村社長は、会社の健康管理の取り組みについては、人事担当の中井常務取締役に任せていました。しかし、その報告をほとんど受けていなかったことに初めて気付いたのです。正確には、報告は受けていたものの、その内容を受けて何らかの意思決定を行ったことがなかったため、記憶に残っていなかったのです。

取締役会でも、社員の健康問題が議題に上がることはなく、少し前に雑談で「最近、うつ病などで会社を長期間休む社員が多く発生しており、困っている」と中井常務が話していた程度でした。メンタルヘルスの問題も、その後は中井常務が継続して対応することで議論は終わっていました。栗田産業医は、メンタルヘルス対策、そして健康診断の結果、治療が必要と判断されたにもかかわらず治療していない人への対策が必要だと感じているようでした。

栗田産業医と別れたあと、木村社長は釈然としない感覚を味わっていました。栗田産業医が信頼できる人柄であることは、今日の話からも感じられました。「栗田産業医に任せておけば、まず間違いないだろう。でも……」。この釈然としない感覚の源は、会社の健康と、それに対する取り組みの全体像がはっきりと見えないことにあるようです。

何を優先的に取り組み、どの程度、経営資源を配分すればいいのか。判断する指標が何もないのです。木村社長は中井常務を呼んで、こう伝えました。

木村「栗田産業医とともに、健康管理に力を入れてほしいと思っています。栗田産業医と話した際、メンタルヘルス対策と健康診断結果への対応が不十分で、この2つは改善すべき優先順位が高いとのことでした。ただ、私には会社の健康度の全体像が見えず、意思決定が行えません。何か判断するための指標となるものを作れませんか。我々はいつも取締役会では客観的なデータによって意思決定を下しているではありませんか。それと同じように、判断できる指標を示してほしいのです」

中井「栗田産業医とお話しされたのですね。わかりました。しっかりと対策を進めていきます。しかし、社長……、判断のための指標、ですか」

木村「そうです。いつも人員増員では生産量や売上高、利益率などをもとに議論しているように、この問題についても検討したいのです」

中井「そうですが、健康面を金銭で表すのは、ちょっと」

木村「何も人の命をお金に換算しろといっているわけではありません。全体像を把握し、よりよい取り組みを行うための指標があればいいのです。半年後の取締役会で、栗田産業医とともにプレゼンテーションをしてもらえれば……」

中井「わかりました。栗田産業医と相談の上、やってみます」

半年後の２０１０年４月１日　朝

産業医の栗田さんは昨夜、緊張でなかなか寝着けませんでした。今日の取締役会で、健康管理についてプレゼンテーションをすることになっているのです。この数カ月間、中井常務と議論を重ねてきました。昨日、なんとかプレゼン資料も完成しました。

初めは「減価償却」という言葉の意味さえ知りませんでしたが、「安全衛生コスト算出表」

を使用してコスト面はなんとかまとめることができました。データを集めるのは大変でしたが、中井常務から経理部長や購買部長などに話を通してもらい、必要データをすべて収集することができ、分析も順調に行えました。

あとは発表だけです。栗田産業医は心地よい緊張感を感じていました。

2010年4月1日　午後　取締役会

取締役会には、木村社長、中井常務、岡村常務（財務担当）の他、ほとんどの取締役と、箕輪製造部門長、前田研究開発部門長などの各部門責任者（執行役員）が出席しました。

木村社長は10分前に着席し、机の上に置いてある資料に目を通していました。真っ先に「2009年度　健康会計レポート」と書かれた健康管理の資料を探します。

栗田産業医が取締役会で示した資料は、他部門が出してくる資料と遜色ないできばえでした。いや、それ以上かもしれません。他部門が使う用語は、ふだんから木村社長には耳慣れたものです。一方、健康管理施策の用語は、医学用語が含まれていて抵抗感が強いことが予想されました。しかし、栗田産業医の資料はすんなりと頭に入ってくるものでした。そして、問題点も明確に示されていました。

取締役会の開始時刻になり、栗田産業医のプレゼンテーションが始まりました。

栗田「当社の年齢構成は、男性は30代、50代が多く、40代が少ないのが特徴です。グラフ（図11）を見ていただければわかりますが、毎年8月に実施している健康診断では、血圧、血中脂質、血糖の有所見率はいずれも上昇傾向にあります。特に問題なのは、精密検査や治療が必要なのに、受診していない人の割合が高いことです。血糖では、要精密検査、要治療者50名のうち、医療機関を受診している人は20名、40％のみです。これは大き

図11　健康診断における有所見率

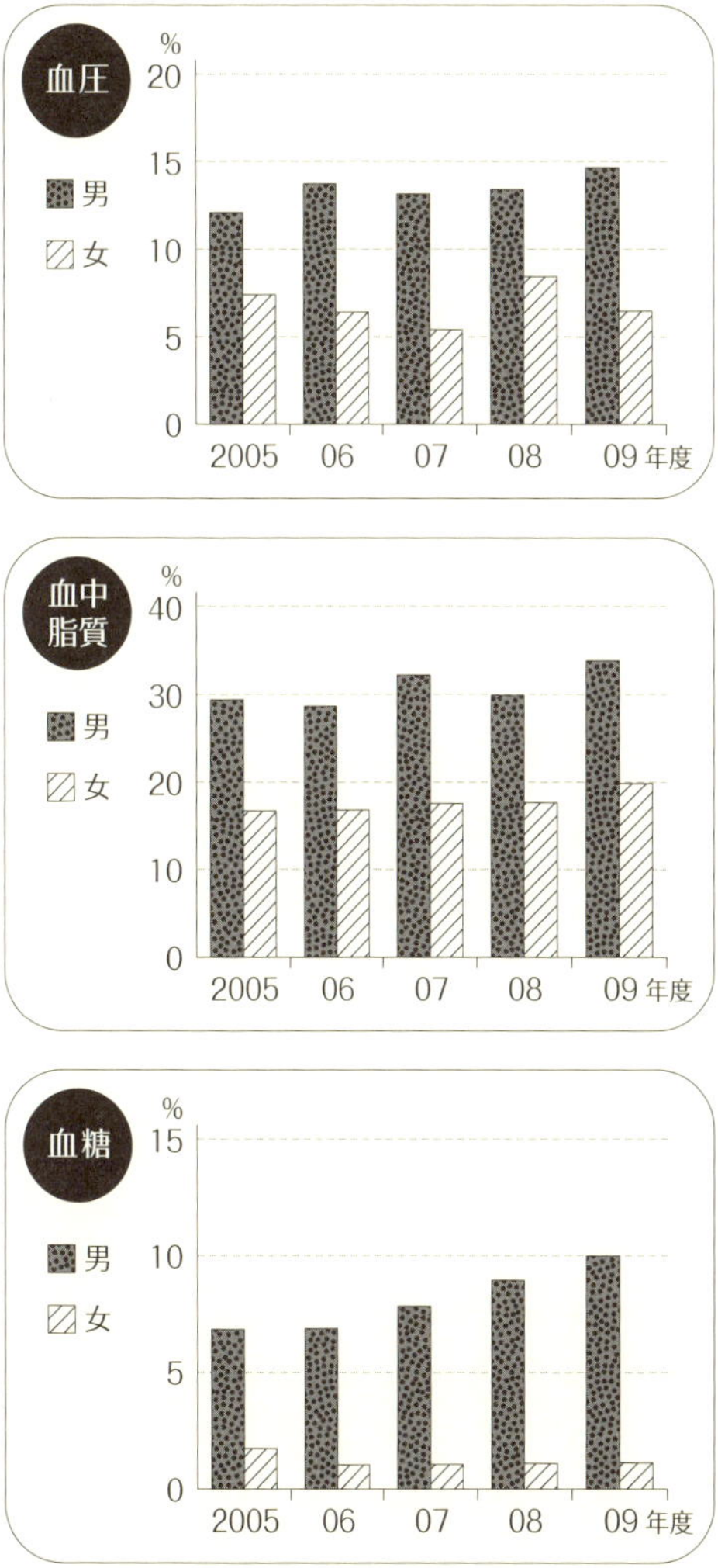

な問題です」

木村「病院に行かない理由が、何かあるのですか?」

栗田「全員に聞いたわけではありませんが、平日に会社を休んで行くのは面倒だとおっしゃる方が多い印象です。今後は、しっかりと病気についての知識を伝えていきます」

木村「これは非常に大きな問題です。個人の病気に対する考え方もあるでしょうが、少なくとも全員に面談をして、受診するよう指導してほしいですね」

栗田「わかりました。保健師と私の2名で業務を行っておりますので、業務量を考慮して計画を立ててみます」

栗田「次に、病気欠勤日数についてです。これも年々、増加しています(図12)。特にメンタルヘルスによる病気欠勤日数の増加が顕著です。休業者も2008年に前年より12人も増加しています」

中井「2008年ということは、会社がリストラを行った時期と重なります」

箕輪製造部門長「これほど顕著に表れるとは……」

栗田「メンタルヘルスの問題はリストラだけが原因ではありません。パワーハラスメントや長時間労働など、職場に関する悩みを抱える人はここ数年増加しており、うつ病になる社員も増えています。今後は、研修を通してストレスとのつきあい方、部下との接し方などの社員教育を行うべきだと考えます」

図12　社員の私傷病による休業状況

全疾患

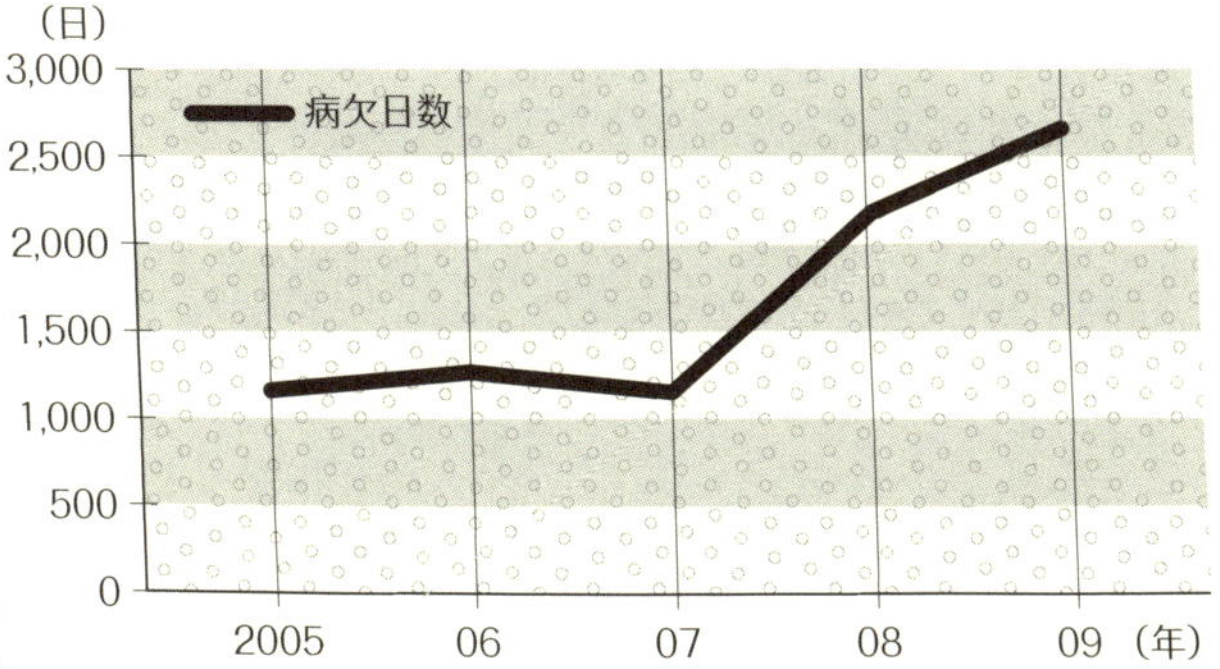

メンタルヘルス

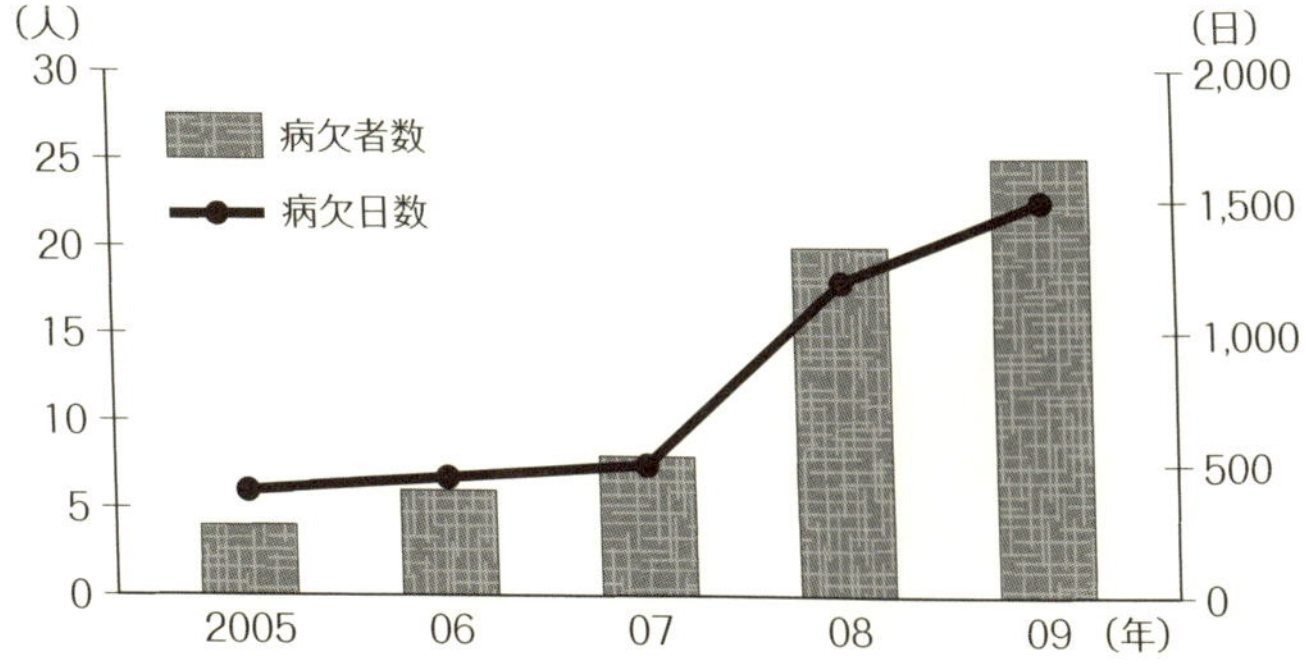

	病欠者数（人）	病欠日数（日）	貨幣換算（円）
2005	4	400	¥9,600,000
06	6	450	¥10,800,000
07	8	500	¥12,000,000
08	20	1,200	¥28,800,000
09	25	1,500	¥36,000,000

表6　花粉症によるプレゼンティーイズムの貨幣換算

有症状者数	300人
平均有症状期間	45日間
生産性の低下	－25％
貨幣換算	**¥81,000,000**

（計算式：3,000円×8時間×45日間×300人×0.25）

＊データは、健康診断時に質問紙で収集した
＊有症状とは、くしゃみ、鼻水、鼻づまり、目のかゆみなど

木村「いずれにせよ、メンタルヘルス対策は優先して取り組みましょう。年間3600万円もの損失があるようですし」
栗田「メンタルヘルスの問題は病気欠勤者を増やすだけではありません。出社できても、不眠などの影響で体調不良や眠気があり、生産性が低下します。このような状態をアメリカでは『プレゼンティーイズム』と呼んでいます」
一同「プレゼンティーイズム？」
栗田「出勤していても仕事に集中できないので、なかば欠勤状況にあるという意味です。花粉症がその代表例ですが、ちなみに当社の花粉症による生産性の損失額を試算すると、年間8100万円になります（表6）」
木村「メンタルヘルスの損失額より多いとは驚きです」
栗田「今は、症状が出る前に病院を受診するよう呼びかけています」
前田研究開発部門長「他の病気の数も見てみたいですね」
栗田「わかりました。次の会議までには他の病気についても検討しておきます。」

続いて、安全衛生（健康）にかかった経費全体の内訳です（図13）。これは２００９年度の経費内訳ですが、健康診断が71％と大半を占め、次いで緊急・救急対応の14％、作業環境測定の８％となっています。健康診断と作業環境測定は外部業者に委託している金額で、緊急・救急対応はＡＥＤと消火器の費用が大半です」

木村「メンタルヘルス対策は何もやっていないのですか？」

図13 安全衛生（健康）関連の経費内訳

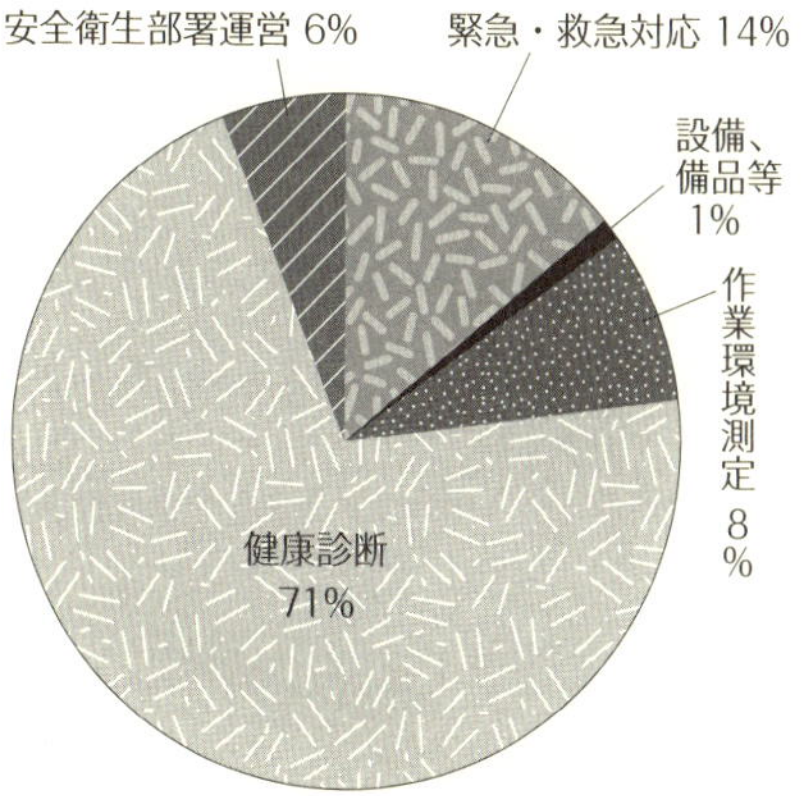

緊急・救急対応	¥1,660,000
設備、備品等	¥100,000
作業環境測定	¥1,000,000
健康診断	¥8,500,000
健康管理	¥0
メンタルヘルス対策	¥0
安全衛生部署運営	¥650,000
IT関連	¥0
健康の保持増進活動	¥0
福利厚生	¥0
労働安全衛生マネジメントシステムの維持管理	¥0
労働安全衛生活動全般の維持管理	¥0
免許、作業主任者他	¥0
安全衛生教育	¥0
会議	¥0
パトロール	¥0
啓発活動	¥0
労働災害関係	¥0
その他	¥0
合計	¥11,910,000

表7　健康管理のコスト集計表

	詳細	費目	コスト							
			経費	減価償却	投資	人件費に相当する費用				
			経費額(円)	減価償却費(円)	投資額(円)	1時間当りの人件費(円)	時間	人数	回数	合計(円)
5. 健康管理										
(1)面談										
健康相談		経費	¥0							
		活動への参加				3,000	0.5	100	1	¥150,000
産業保健スタッフ面談		経費	¥0							
		活動への参加				3,000	1	10	1	¥30,000
過重労働面談		経費	¥0							
		活動への参加				3,000	0.33	240	1	¥237,600
上司との面談		経費	¥0							
事後措置		活動への参加				3,000	1	3	1	¥9,000
過重労働面談		活動への参加				3,000	0.5	10	1	¥15,000
メンタルヘルス		活動への参加				3,000	1	10	1	¥30,000
(2)健康教育	施行せず									
健康管理	小計	経費	¥0							
健康管理		減価償却費		¥0						
健康管理		投資			¥0					
健康管理		個別活動の人件費								¥0
健康管理		活動への参加								¥471,600

栗田「いえ。私が2回、従業員教育を行いました。私の人件費のみで、他に経費はかかっていません。ただ、活動としては不十分と考えています。今後はメンタルヘルス対策にも経費をかける必要があります」

岡村財務部門長「健康診断に偏っている印象ですが、現時点で何か削減できる経費はありますか?」

栗田「健康診断は法律で義務づけられているので削減できません。ただし、今は法律で規定されている検査項目以外も会社経費で実施しているため、健康保険組合と適切な負担配分を再検討することは可能と思います」

中井「健保組合とよく話をしてみます」

木村「健康診断の経費には先ほどの未受診者に対する指導は含まれるのですか?」

栗田「いえ、含まれていません。保健師や私がお呼びして面談する場合、『5.健康管理　(1)面談』の

表８　緊急・救急対応のコスト集計表

	詳細	費目	コスト 経費 経費額（円）	減価償却 減価償却費（円）	投資 投資額（円）	人件費に相当する費用 1時間当りの人件費（円）	時間	人数	回数	合計（円）
1. 緊急・救急対応										
緊急避難訓練		経費	¥0							
		活動への参加				3,000	1	1200	1	¥3,600,000
救急救命講習	講師料	経費	¥60,000							
	計60名参加	活動への参加				3,000	3	60	1	¥540,000
備品（消火器）	新規購入10機（1機6万円）	経費	¥600,000							
		減価償却/投資		把握できず						
備品（AED）	10台（1台30万円）減価償却期間3年間	減価償却/投資		¥1,000,000	¥3,000,000					
緊急・救急対応	小計	経費	¥660,000							
緊急・救急対応		減価償却費		¥1,000,000						
緊急・救急対応		投資			¥3,000,000					
緊急・救急対応		個別活動の人件費								¥0
緊急・救急対応		活動への参加								¥4,140,000
具体的活動内容	緊急避難訓練は全従業員（1200名）が参加、1時間。全従業員の平均給与額は1時間あたり3,000円。									
効果	外部医療機関主催による救急救命講習年3回を3年前より開始、300名修了。AEDは事業所内のどの場所でも3分以内にアクセス可能となっている。									

中の『産業保健スタッフ面談』に計上しています（表7）。従業員のみなさんは仕事を中断して面談に来られるため、その分の人件費を『活動への参加』コストとして計上しています。この1年で10名面談したことになります」

木村「10人とは意外に少ないのでは？」

栗田「はい。ただし、呼び出される前に自発的に相談に来られる方は多くいらっしゃいます。その場合は『健康相談』としてカウントしており、昨年は100名でした」

木村「なるほど。ただ、先ほどもお話しした通り、問題のある人は呼び出しをしてでも指導をしてほしいですね」

栗田「わかりました」

箕輪「次に、緊急・救急対応のコスト集計表（表8）ですが、どうして2009年になっていきなりAEDを10台も購入したのですか？」

図14　安全衛生（健康）関連の人件費の内訳

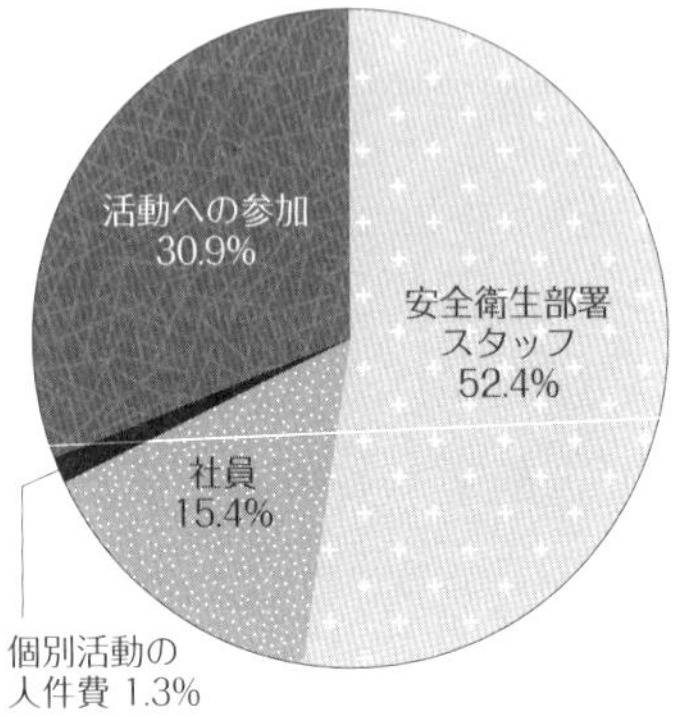

安全衛生部署スタッフ	¥17,000,000
管理職	¥0
社員	¥5,000,000
役員	¥0
個別活動の人件費	¥432,000
活動への参加	¥10,011,600
合計	¥32,443,600

中井「社内のどこにいてもすぐにAEDにアクセスできるよう、取り組みを始めました。初年度はまず本社用に10台購入しました」

栗田「心室細動が起こった際、できるだけ早くAEDで蘇生することが重要です。1分遅れるごとに生存率が約7%ずつ低下していきます」

中井「今後は他事業所でも導入する予定です」

箕輪「工場の敷地は広いので、ぜひ早急にお願いします」

中井「わかりました」

栗田「次に人件費です（図14）。人件費は安全衛生関連経費（図13）の約3倍となっています」

木村「役員の人件費がなぜゼロなのですか？」

中井「今までも健康管理の報告を受け、指示を出していました。しかし、私自身の業務の中でどの程度の時間をかけたかわからなかったため、今回は計上しませんでした。今後、健康管理に対する業務比率を5％程度とし、時間も確保しようと考えています」
箕輪「管理職もゼロですが？」
栗田「これも管理職がどの程度、健康管理業務に従事しているか把握できなかったため、計上していません」
木村「本来、上司は部下の健康管理に対して責任を持って指導することが求められます。安全衛生部署スタッフがカバーできない部分は、管理職が役割を果たすようにしていかなければ……」
中井「今回の分析で健康管理業務の全体像が見えてきましたので、その中での管理職の役割を検討してみます」
栗田「今回の分析を実施してわかったことは、従来から行っている健康診断などの取り組みにはコストを費やしている一方、現在当社で問題となっているメンタルヘルス対策などに、十分費やしていない点を再認識しました。全体の業務を把握し、改善するためのよい機会となりました。特に、コストを計上する際、活動への参加コストの部分で時間の要素が加味されているため、おおよその業務時間を推測することができます。今後は産業医などの専門職が、どの活動に、どの程度、時間を費やしているか、業務時間分析を行っていきたいと思っています」
中井「この分析を続けることで、対前年比が算出できるため、経年変化を追っていきたいと思います。また、本社以外の事業所でも分析を行います。将来は全国のデータや他社データと比較できるようになればおもしろいと思います」
木村「おそらくこの取り組みを行っているところはないと思うので、当社で先駆けて行っていきましょう。今後、3カ月ごとに進捗を報告してください」
中井・栗田「わかりました」

気がつけば、すでに1時間以上経過していました。取締役会でこれほど白熱した議論が繰り広げられたのは久々でした。木村社長は思うのです。「自分を含めてみな、日々の忙しさにまぎれ、健康について考える余裕がなかったのは事実だ。しかし、それ以上に、会社における健康施策を議論するきっかけがなかったことが大きいのかもしれない」と。医学的なことを説明されるのみでは、何も理解できません。企業における健康管理の必要性をしっかり説明できる人もいませんでした。健康施策について優先順位を判断する材料もなければ、社員や株主にその判断を説明できる材料もありませんでした。
木村社長は、「健康会計」のデータがそれを解決するひとつのブレイクスルーとなることを確信したようです。今夜は久々にぐっすりと眠れそうな気がしてきた木村社長。頭の中には、半年前に急逝した鈴木本部長のにこやかな顔が浮かんでいました。

第5章

「健康会計」で企業を強化する

転職するなら、健康に働ける企業に

あなたは企業に就職または転職する際に、その企業の何を重視しますか。

図15は、現在就職している人に対して「職場を選択するにあたって、各項目をどれほど重視しましたか」と質問したものと、今後、転職の可能性がある人に対して、「各項目をどれほど重視しますか」と質問した結果です。図15の上段と下段を比べることで、社会経験を積むことによって生じる職場に求めるものの変化をみることができます。

便宜上、上段を転職「未経験者」、下段を「経験者」と呼ぶことにします。双方ともに多いのが、「給与」「職場の立地・通勤しやすさ」です。「大変重視」「ある程度重視」を合計した数字で、「未経験者」「経験者」ともに1位と2位を占めています。

ここで注目したいのは、「従業員の健康管理の充実」という項目です。「未経験者」では33％とあまり重視されず、順位も全２１０項目中、15位と低くなっています。しかしこれが「経験者」になると、80・４％に跳ね上がり、順位も7位に上昇します。

また同じく、産業保健活動が含まれる「職場の安全衛生」も、42％の11位から、82・7％の5位に順位を上げています。「企業規模・安定性」や「企業の成長力・将来性」と同等あるいはそれ以上に、これらの健康・安全に関する項目が重視されるようになるのです。

図 15 職場を選ぶときのポイント

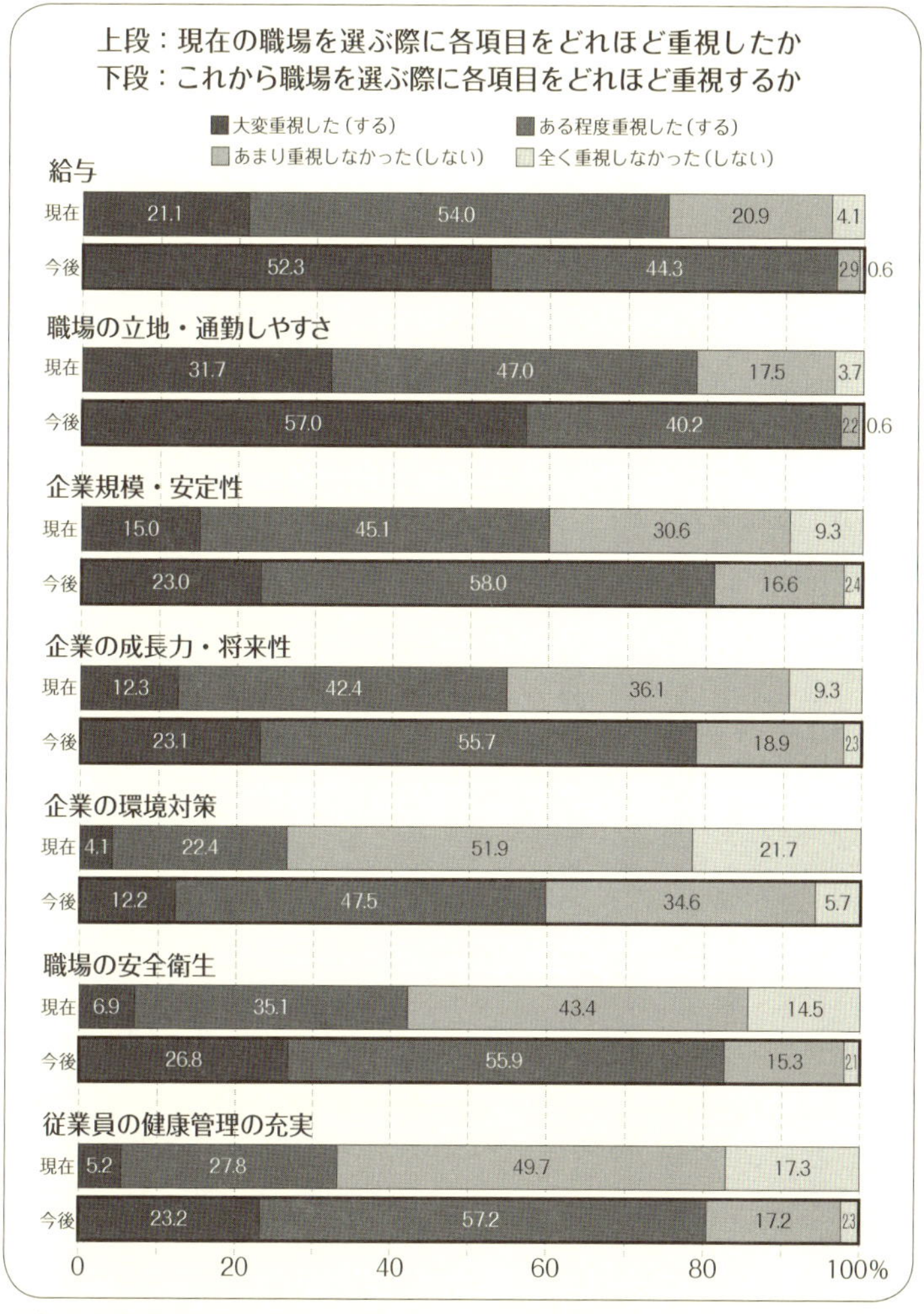

平成 19 年度経済産業省委託事業総合調査研究「健康資本増進グランドデザインに関する調査研究報告書」より作成

他の項目の回答がほとんど同じような傾向を示しているなかで、この2項目だけが際立った違いをみせています。つまり、多くの人が一度就職したあとは、以前よりも健康面のことを考えるようになっていくということです。その理由は、みなさんにも心当たりがあるのではないでしょうか。就職してみて初めて、ばりばり働きながら健康を維持するのは容易でないと、実感した人もいるでしょう。

「心身の健康を維持するのは、仕事にとっても人生にとっても大切だ。だから次の職場を選ぶときには、その企業でどれだけ健康に働けるのか、どのような働き方が可能なのか、しっかり吟味しよう」

多くの人がこのように考えた結果、産業保健の項目の順位が上昇したのだと思います。給与や職場の立地などは公開されていますから、就職活動中の大学生なども容易に参照することができます。しかし、現時点で「企業の健康への取り組み」「職場の安全衛生」を客観的に見る基準は存在しませんし、まだ若い大学生には、職場における不健康な状況がうまくイメージできないかもしれません。

しかし、一度働いて社会（職場）を知った人は、「健康」がいかに重要で、しかもそれを保つのは容易でないことを思い知らされます。

ひと昔前までの日本では、「会社のため家族のため、ぼろぼろになっても働くのが正しいビジネスマンの姿だ」と考える人が多くいました。しかし最近では、「仕事はしなければ生きていけないけれど、自分がぼろぼろになってまで働く人生はどうだろうか」と、見直す声が上がりはじめています。

誰しも仕事をする以上は、自分の実力を十分に発揮したいという願望がありますが、「今の自分は１００％の力を出せる健康状態だろうか」と疑問を持っている人もいます。

ここに、企業が戦略的に健康施策に取り組むことのメリットがあります。つまり、企業が優秀な人材を獲得したい、あるいは優秀な人材を流出させたくない、確保したいと願うなら、「健康に働ける会社である」ということは、重要なアピールポイントになるのです。

企業規模や安定性、さらには成長力や将来性よりも、「健康に働ける職場である」ということが、何ものにもまさる強い魅力となっているのです。

企業のブランド価値を高める

あなたは買い物するときに、企業名で商品を選ぶことはありませんか。１万円の時計を買うのではなく、有名ブランドのロゴが入った10万円の時計に魅力を感じることはないでしょうか。それこそまさしく、企業の名が持つブランドの力です。

ブランド戦略の代表的な研究者であるデービッド・アーカーは、著書『Building Strong Brands（ブランド優位の戦略）』の中で、「企業価値＝ブランド価値である」と唱えています。企業のブランド力が高まれば、それだけお客から選んでもらえる可能性が高くなります。商品を購入する、株式投資する、就職先に選ぶなど、選ばれたことで得られるすべての収益が最終的なブランド評価につながります。だから企業は、広告を出したり、キャンペーンを打ち出したりして、他の企業との差別化を図ろうとしているのです。

地球環境の問題が深刻になっているなか、エコ活動に取り組むことをアピールする企業が増えました。「エコ」という名のブランドを持つことで、同業他社との差別化を図るのです。同じように、「健康」という名のブランドを持つことで他社との差別化を図ろう、社員が健康になるだけでなく、健康ブランドを持つことでブランド価値を高めよう、というのが健康会計のねらいです。

◎健康会計の導入はブランドの「知覚品質」を上げる

「健康会計は企業のブランドづくりにおいて、知覚品質の増強に役立つだろう」。マッキャンヘルスケア ワールドワイドジャパンの西根英一さんはこう語ります。

ブランド概念の構成要素には大きく2つがあります。ひとつは、対象の「知覚品質」（エビデンス＝根拠に支持されるメッセージ）によって結びつけられる要素で、もうひとつは対象の周辺領域に創造される「感覚品質」（エモーション＝情緒に支持されるメッセージ）によって結びつけられる要素です。その両者を合わせて、ブランドの概念が成り立っていると西根さんは説明しています。

東京タワーを例に上げれば、「日本電波塔株式会社」「昭和33年完成」「高さ333メートル」というのが知覚品質で、「トウキョウ」「シンボルタワー」「夜景スポット」などといった、一般的に持たれている東京タワーのイメージが感覚品質に当たります。両者を合わせたものが「東京タワー」というブランドなのです。

多くの広告は、商品やサービス、施設からかもしだされるイメージ優先のメッセージで、その感覚品質から消費者の右脳に働きかけてきました。しかし、近年は「エコ活動をやっています」「クールビズ運動をやっています」「個人情報を管理しています」というように、知覚品質を付加して、生活者の左脳に働きかけようとする流れになってきています。

仮に、企業が健康会計を導入すれば、「健康会計を導入しています」という企業の知覚品質のメッセージがひとつ増えることになります。実際に、社員が健康になればなるほど知覚品質は上がり、ブランド価値も上がることになるでしょう。

通常、消費者は感覚品質に左右されやすいのですが、企業価値を取り引きする投資家は知覚品質を判断材料にします。そういう意味では、健康会計を導入して企業のバランス

知覚品質と感覚品質の関係

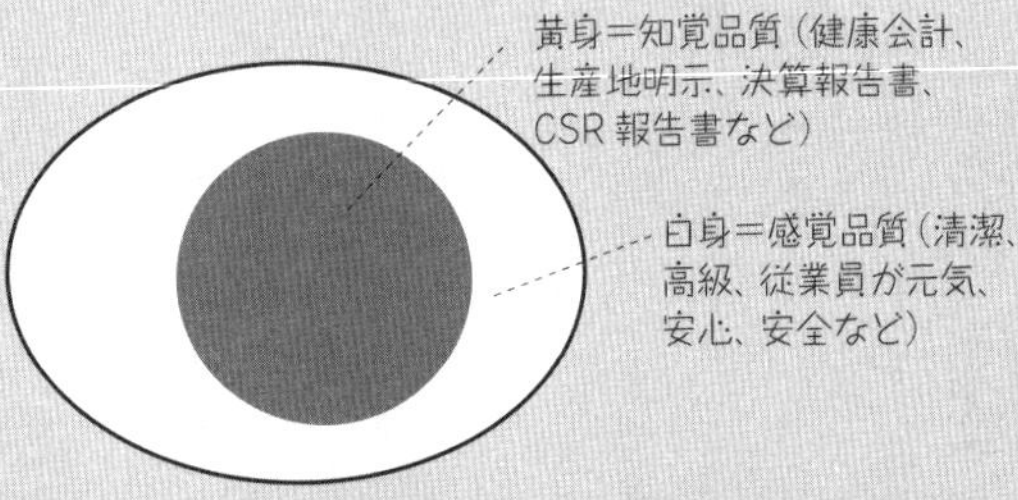

ブランド概念の中で、「知覚品質」と「感覚品質」に優劣関係はありません。一般的には、ブランドの核に知覚品質があり、ブランドの周りに感覚品質があるという形になります。

ゆで卵を思い浮かべてください。黄身だけ食べる人は少ないし、白身だけ食べる人も少ないように、ゆで卵は核となる黄身と周りの白身があって、初めて「ゆで卵」というブランドになるのです。

しかし、イメージと結びつきやすい感覚品質と違い、知覚品質の場合は「聞いたはずだけど……」というように、その所在は忘れられやすいものです。そこで、ブランド戦略では感覚品質の近くに、見たい人がいつでも見られるように関連する知覚品質のメッセージや情報をおく必要があります。そうすれば、「ここは従業員が元気な企業だ」「でもどうしてだっけ？」となったときに、「健康会計をやっているから」という知覚品質が根拠として認識されやすくなるのです。

シートに明記するということによって、企業価値の指標のひとつである株価に反映される、と考えるのがいちばんよいかもしれません。

「健康ブランド」どう作る？　どう活かす？

①社員の意識が変わらなければ始まらない

環境も健康も、企業内の一部だけで問題に取り組み、ブランド価値を高めようとしても達成できるものではありません。ブランドづくりは、企業全体で取り組むことが大前提であり、健康ブランドをつくりたいなら、社員の意識にアプローチし、健康に対する前向きな気持ちを植えつける必要があります。

社員が「健康の必要性」を認識し、知らず知らずのうちに意識が改善されていくのが理想的ですが、それには時間もかかります。プロジェクトとして実行するなら、経営のトップが「健康ブランドの確立を目指す！」と健康宣言することが最も有効です。

②タッチポイントを作る

社員の意識が変われば、次は健康を伴ったブランドを、どうやって外に発信していくか

図16　企業と消費者・投資家のタッチポイント

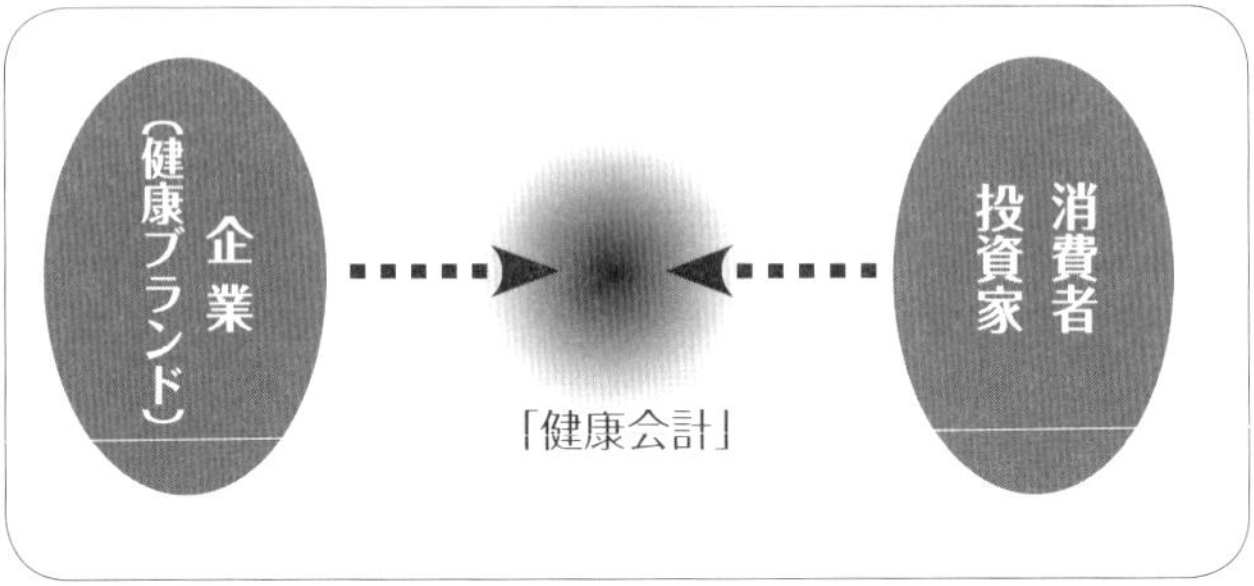

を考えなければなりません。

まず、図16のように企業と消費者、投資家の中間に「タッチポイント」を作ります。タッチポイントとは、生活者とブランドの接点のことです。生活者とブランドが出会い、相互にコミュニケーションを交わす結び目のことです。タッチポイントは商品やサービスに限りません。ブランドに結びつく場として施設を提供している企業もあります。

しかし、社員の健康をこういった消費行動に直接つなげるのは難しいものです。そこで、ターゲットをまずは消費者ではなく投資家に絞り、投資家とのタッチポイントを作ります。「健康会計」を導入すれば、社員の健康施策の実態とそれによる効果を公開できるので、企業の健康ブランドと投資家の間にタッチポイントができるのです。

現時点でも、タッチポイントを意識せずに、単純に健康施策を総務・人事の取り組みとして行っている企業ならばたくさんあります。しかし、せっかく取り組みを行う以上、タッチポイントを持たないことはもったいないことです。社員が健康になり、その上、ブランド価値が高まるなら、その情報価値は数倍になるのではないでしょうか。

市場を狙ったブランド戦略を

企業の中には大小さまざまな事業がありますが、ブランド戦略を行う場合はひとつの企業内で事業単位に分解して行うことが重要です。

電機メーカーの環境問題でいうと、いわゆる「白物家電」といわれる家電製品に対しては、エコや省エネは家計と直結するためエコブランドが有効です。しかし、同じ企業でも音響製品のように音質が優先されるような事業には、エコブランドを強調しても情報としてあまり有効ではありません。

このように、事業が違えば市場が異なり、市場が異なればブランドも変わってきて当然です。健康ブランドを掲げたほうが有効な事業と、そうでない事業があるのも事実です。そのことをふまえて企業は戦略を立てる必要があります。「健康宣言」したときに市場に影響が出るか出ないか、最も影響のある市場に向かって宣言するもよし、事業ごとに個別戦略を立てるのもよいでしょう。

広報するだけで広告になる？

社員の健康にどれだけ取り組んでいても、自社のウェブサイトで公表するだけでは、単なる広報資料にすぎません。

しかし、「知覚品質」を持ちえた健康施策が注目され、新聞・雑誌・テレビなどのマスコミで話題になり、たとえば「視聴率の高い複数の報道番組で取り上げられ、全国紙やビジネス誌に数本の記事が載り、ウェブサイトへのアクセス数が上位にランクインする」などということになれば、このときの広告効果は、広告費に換算して1億円に迫るものになると考えられます。

広告料削減の折、企業活動において「健康会計」の有用性を理解し、それを取り入れるのは、企業の総務・人事部門だけでなく、広報・広告の責任者の仕事でもあるといえるでしょう。

企業規模が大きくなると、ブランドイメージを各部署で相対化していくのは大変な作業になります。このような場合、社内にブランド戦略対策室を立ち上げたり、コミュニケーション・コンサルティングを入れたりして、ブランド戦略が有効な市場を探すことからスタートします。

しかし、健康ブランドが有効なのは、投資家だということはわかっています。そして先ほど、「健康会計」は投資家とのタッチポイントになるだろうと述べました。つまり、外部コンサルティングを入れなくても、社内で健康会計を行うだけで、投資家という市場を狙ったブランド戦略が可能となるのです。

「健康会計」で企業を強化する

少しでも売り上げが伸びること、イメージがよくなること、株価が上がること。さまざまな目的のために、企業は切磋琢磨して新しい技術、商品、サービスの開発を行っています。そのすべてを生み出していくのは、企業で働く従業員たちです。

「この会社で働けて幸せだ」と従業員にいってもらえる企業は、どんなに厳しい状況が来ても必ず乗り越えられるはずです。企業が元気であるには、従業員が健康であることが大前提なのです。

確かに、従業員が病気になったり、労災事故を起こしたりしない環境を作ることは簡単ではありません。企業も従業員も、もっと健康管理（安全衛生管理）に関心を持たなければいけませんし、健保と企業が協力する必要も出てくるでしょう。しかし、きちんとした対策をとれば、従業員の病気や労災事故などのリスクを減らしていくことは可能です。「そんなことは机上の空論だ」「どうせこの会社はダメだ」と切り捨ててしまわずに、健康会計を始めてみてください。

本書の第3章では、積極的に安全衛生管理を行っている企業を紹介しました。企業の要である従業員を守る取り組みは、**直接的に**企業を強化する策だといえます。また第5章では、優秀な人材を獲得すること、ブランド力を高めることで、「この会社に入りたい」「この会社に投資したい」と思う人が増えるということを説明しました。このように、自社の健康会計を公表すれば、社員の健康を大切にする企業であることをアピールすることができるので、健康会計は、**間接的な**企業力強化策であるということができるでしょう。

このように、直接、間接の強化策を関連させることで、企業力は飛躍的に高まります。健康会計は、企業の地力を強化する頼もしいツールなのです。

あとがきにかえて

―「健康会計」が拓く未来の社会―

本書をお読みになって、「健康会計」とはどういうものなのか、おわかりいただけたものと思います。また、その重要性について、多少なりとも実感していただけたのではないかと信じています。

企業にとって、健康施策はたいへん重要なものですが、ただむやみに行っても、効率のよい運営はできません。なにごとも運営が効率よくできなければ、効果が高まらないのは自明の理でしょう。健康会計はまさにその効率を評価するための常用のツールとして、今後大いに活用されることが期待されています。

医療の分野では、客観的な評価をすることの難しさが常々問題になります。その点、健康会計は、企業会計の分野において長年の実務の淘汰を受けた手法である会計手法を援用するものであり、待望のものといっても過言ではありません。

日本はいま、高齢社会への数十年にわたる構造変化の真っただ中にあります。今後、労働力人口が減少することは不可避であり、現在の社会機能を維持するためには、企業の生産性に関する効率向上が強く求められているのです。

その中で企業が採りうる有効な策のひとつが、人材教育および健康管理のテコ入れです。社会の構成員たる我々全員が、自らの健康管理の重要性に改めて思いをいたすことは何よりも重要です。そして、個人の取り組みを系統的に支援する担い手は、企業以外にありません。健康会計がコストと成果を明確に記述し、財務的指標やCSR指標と並ぶ経営指標として提示されるとき、日本は時代が直面する難題の解決に大きく踏み出していくことでしょう。

高齢社会の問題が、先進国の中でも日本で最初に表面化することは広く知られた事実です。その解決に向けた医療制度、介護制度など、日本の試みは常に世界の耳目を集めています。健康会計も例外ではありません。資源が乏しく、また、いち早く高齢社会の問題の試練を受ける日本だからこそ、世界に対してこの健康会計という指標の有用性を示していくことができるし、その責務を負っていると著者らは考えています。

視点を広げ、医療について考えてみたいと思います。

医療は社会主義的なサービスです。少なくとも、日本の公的医療制度は社会の重要な基盤として、資本主義の枠組みの中にあって、異質なままに共存し、成立しています。医療は命に関わることなのだから、という理由が何にも増して優先され、コストを度外視した提供が求められることがよくあります。採算が合わなくても地域の病院は閉鎖すべきでない、救急医療は何が何でも維持せよ、と医療に対する世の要求はとどまりません。そして医療を担う病院や医師、医療専門職が疲弊し、ほころびがそこここに表れていることは、多くのみなさんが知るところだと思います。

「命は地球よりも重い」。医師である著者らは、このテーゼを大切なものと受けとめています。健康に直結する医療という重要な基盤を社会全体として維持し、発展させることにも熱い思いを持っています。しかし、医療が他の公的サービスを犠牲にしたり、また、携わる医療者を窮地に追い込んだりしてまで理想を求めることが正義であるかというと、自信がありません。

　健康会計は、このような医療のサービスのあり方にも明確な答えを与えてくれるものです。今後、一つひとつの企業が健康会計を採用し、サービスの費用と効果を十分に斟酌《しんしゃく》することになれば、その総体として、社会全体の医療の費用と効果の関係が明らかになってくるでしょう。

　もちろん、この話には軽視できない前提が含まれています。健康会計の手法が、企業の健康施策のみならず、地域に対してサービスを提供する自治体や、最前線に立って医療を担っている病院、クリニック等にも浸透していくということです。

本書では、企業における健康会計を専ら論じてきたので、これらのことについては明確に述べていません。ただ、自治体のサービスについては同様の費用対効果の検討はずいぶん前から試みられてきていますし、病院やクリニックの経営について整備をする動きもあります。レセプト（診療報酬明細書）のオンライン化など、国の医療制度の改善もこれをあと押しするものです。

健康に関するすべての数字が揃ってくると、意外なことが見えてくるはずです。近い将来、山の頂きから眺望全体を俯瞰《ふかん》して、健康とはなにか、もう一度みなさんと一緒に考えてみたいと思っています。もちろん、健康会計を頼りに、現実に行われている医療のうち、効率の悪いものは排除してしまえ、などと乱暴なことを申し上げているつもりはまったくありません。効率が悪くても必要なものもあれば、効率がよくてもあえて提供する必要がないものも当然あると思います。健康会計というツールはあくまでも評価のための手段ですから、目的を凌駕《りょうが》するものではないのです。

健康会計が医療という崇高な社会の財産をさらに輝かせることを、我々は心から願っています。

「今年、うちの会社の業績どうなのかな？」

「売り上げは去年から横ばいみたいだけど、健康会計が好調らしいよ」

「お、それじゃあ、来年、再来年が楽しみだね。どうりで社長の機嫌がいいわけだ」

どこの企業の廊下を歩いていても、健康会計についての話題が社員の会話から漏れ聞こえてくる日を楽しみに、健康会計の最初の解説書の稿を閉じたいと思います。


本書の出版にあたっては、貴重な学術的示唆を与えていただいた三井化学株式会社の土肥誠太郎先生、小松製作所健康保険組合の久保田長典さん、マッキャンヘルスケア ワールドワイドジャパンの西根英一さん、株式会社インテージの宮首賢治さん、山崎加奈子さん、三井化学株式会社の井手宏先生、エクソンモービル有限会社の荒武優先生、古河電気工業株式会社の小島玲子先生、企画の萌芽の段階から心細やかなご尽力をいただいた産業医科大学和田 裕さんに改めて厚くお礼を申し上げます。

また、格段の献身をもって編集の労を全うされた水琴社ネットの中島沙衣子さん、ウェルビの山下青史さん、法研の岡日出夫さん、早稲田大学政経学部の世一英佑さんに深謝申し上げます。

２０１０年１月

著者一同

巻末資料

産業医大方式
安全衛生コスト集計表（簡易版）

「産業医大方式 安全衛生コスト集計表」（詳細版）は
下記ウェブサイトからダウンロードできます。
（集計表は Microsoft Excel で作成されています）

http://ohtc.med.uoeh-u.ac.jp/health-accounting.html

「産業医大方式 安全衛生コスト集計表」の使い方

Step1 対象とする期間、範囲を定める

Step2 人件費を算出する

「A．人件費」を使用して、事業所内で安全衛生業務に携わるすべての人の人件費を見える化します。

◎人件費の計上方法

人件費は、基本的には「A. 人件費」に計上しますが、A に記載できなかった細かな人件費は「B. 活動別のコスト」に計上します。

【例1】 経理課の人（X さん）がインフルエンザ予防接種の手伝い（1 時間）をした場合の人件費
→「10. 福利厚生」の「予防接種」の欄に、「個別活動の人件費」として計上する。（X さんの 1 時間当りの人件費× 1 時間× 1 人× 1 回）

【例2】 従業員（1000 人）が健康診断を 1 時間かけて受診した場合の人件費
→「4. 健康診断」の欄に、「活動への参加コスト」として計上する。（1 時間当たりの人件費× 1 時間× 1000 人× 1 回）

Step3 活動別のコストを算出する

「B. 活動別のコスト」を使用して、第 2 章（P65）で紹介した「表 4　企業の安全衛生・産業保健活動の項目」のコストを見える化します。

1 ～ 18 の分類に該当しない場合は、「19. その他」に計上します。

【例】 新型インフルエンザ対策のための特別プロジェクト
安全衛生担当者間の連携のためのミーティング、など

ポイント
・各活動の対象とする期間、範囲をそろえること
・漏れなく、重複なく計上すること
・計上した場合の根拠を明確にすること

算出対象期間（健康会計の算出年度）
年　　月～　　　年　　月

算出対象事業所名

事業所の従業員数
男性　　　　　　　人 、 女性　　　　　　　人 、 合計　　　　　　　人

記載者氏名
記載者所属部署名
記載者連絡先

		職名、職位、業務内容など	費用			
			人件費	安全衛生業務比率(0～100%)	人数	安全衛生業務分の人件費
A. 人件費（法定福利費、賞与、各種手当を含む）						
ここでは、安全衛生業務（含む産業保健業務）に従事している者の人件費を算出します。						
1. 安全衛生業務（産業保健業務を含む）が主な業務である部署（健康管理室、安全衛生課、環境安全室など）の者						
会社全体の共通費						
（注）環境安全室専属スタッフで、環境関連業務50%、安全衛生関連業務50%の人は、安全衛生業務比率を50%と記載してください。						
	産業医			100%		¥0
	保健師・看護師					¥0
	衛生管理者					¥0
	安全管理者					¥0
	作業環境測定士					¥0
	管理栄養士					¥0
	安全衛生担当者					¥0
	安全担当者					¥0
	衛生担当者					¥0
	事務スタッフ					¥0
	その他					¥0
	小計1					¥0

2. 安全衛生業務（産業保健業務を含む）が主な業務でない部署（製造部門、研究開発部門など）の者						
各部署別の個別費						
(1)管理職（課長職以上）						
（注）この欄では、当該職位の管理職が、「管理職に共通して求められる安全衛生の管理業務」に従事している時間を案分して算出してください。そのため、以下のような個別的活動は含めないようご注意ください。 （この欄で含めない活動）教育への参加、災害・事故への対応、個別相談（部下の体調不良相談）など （個別的活動は、「B.活動別のコスト」欄で記入してください）						
ここで記載した活動の人件費は、「B.活動別のコスト」に含めないよう、ご注意ください。						
	管理職					¥0
	安全衛生業務比率の算出根拠 （例）2、3人に業務比率を聴取した					
	ここで想定した管理職の安全衛生業務の内容をすべて列挙してください （例）リスクアセスメントなど					
	小計2					¥0
(2)社員（期間従業員、パート、アルバイトを含む）で、安全衛生の役割が与えられているもの（安全衛生推進員など）						
ここで記載した活動の人件費は、「B.活動別のコスト」に含めないよう、ご注意ください。						
	社員					¥0
	安全衛生業務比率の算出根拠 （例）2、3人に業務比率を聴取した					
	ここで想定した社員の安全衛生業務の内容をすべて列挙してください （例）リスクアセスメントなど					
	小計3					¥0
(3)役員（安全衛生業務を管轄している役員のみ）（例）安全衛生担当役員						
	役員					¥0
	安全衛生業務比率の算出根拠 （例）実際に聴取した					
	ここで想定した役員の安全衛生業務の内容をすべて列挙してください （例）安全衛生会議出席など					
	小計4					¥0
人件費合計	合計 1+2+3+4					¥0

	詳細	費目	コスト							
			経費	減価償却	投資	人件費に相当する費用				
			経費額（円）	減価償却費（円）	投資額（円）	1時間当りの人件費（円）	時間	人数	回数	合計（円）
（注）A.人件費で算出した額は、B.活動別のコストに重複して算出しないようご注意ください。										
B. 活動別のコスト										
1. 緊急・救急対応										
緊急避難訓練		経費								
		減価償却/投資								
		活動への参加								¥0
救急救命講習		経費								
		減価償却/投資								
		活動への参加								¥0
備品（消火器）		経費								
		減価償却/投資								
備品（AED）		経費								
		減価償却/投資								
事故・災害時の対応		経費								
		減価償却/投資								
		個別活動の人件費								¥0
緊急・救急対応	小計		¥0	¥0	¥0					¥0
2. 設備、備品等										
（1）局所排気装置										
設備（新規導入）		経費								
		減価償却/投資								
										¥0
設備（既存）		減価償却/投資								
定期点検		経費								
		減価償却/投資								
										¥0
研修・教育		経費								
		減価償却/投資								
										¥0

(2)その他の設備											
	設備（新規導入）		経費								
			減価償却/投資								
											¥0
	設備（既存）		減価償却/投資								
	定期点検		経費								
			減価償却/投資								
											¥0
	研修・教育		経費								
			減価償却/投資								
											¥0
(3)保護具											
	備品（保護具）		経費								
			経費								
			減価償却/投資								
											¥0
	保守管理		経費								
			減価償却/投資								
											¥0
	研修・教育		経費								
			減価償却/投資								
											¥0
(4)作業環境の改善											
			経費								
			減価償却/投資								
											¥0
設備、備品等		小計		¥0	¥0	¥0					¥0

	詳細	費目	コスト 経費 経費額（円）	減価償却 減価償却費（円）	投資 投資額（円）	人件費に相当する費用 1時間当りの人件費（円）	時間	人数	回数	合計（円）
3. 作業環境測定										
(1)作業環境測定（定期）										
外注/自前		経費								
		減価償却/投資								
										¥0
会議・打合せ		経費								
		減価償却/投資								
										¥0
備品（測定機器）		経費								
		減価償却/投資								
										¥0
管理（キャリブレーション）		経費								
		減価償却/投資								
										¥0
(2)作業環境測定（臨時）										
外注/自前		経費								
		減価償却/投資								
										¥0
会議・打合せ		経費								
		減価償却/投資								
										¥0
備品（測定機器）		経費								
		減価償却/投資								
										¥0
管理（キャリブレーション）		経費								
		減価償却/投資								
										¥0
作業環境測定	小計		¥0	¥0	¥0					¥0

	詳細	費目	コスト							
			経費	減価償却	投資	人件費に相当する費用				
			経費額(円)	減価償却費(円)	投資額(円)	1時間当りの人件費(円)	時間	人数	回数	合計(円)
4. 健康診断										
(1)健康診断(定期)										
健康診断		経費								
		減価償却/投資								
										¥0
再検査		経費								
		減価償却/投資								
										¥0
二次検査		経費								
		減価償却/投資								
										¥0
(2)健康障害の原因調査										
健康診断(臨時)		経費								
		減価償却/投資								
										¥0
健康診断	小計		¥0	¥0	¥0					¥0

	詳細	費目	コスト							
			経費	減価償却	投資	人件費に相当する費用				
			経費額（円）	減価償却費（円）	投資額（円）	1時間当りの人件費（円）	時間	人数	回数	合計（円）
5. 健康管理										
(1)面談										
健康相談		経費								
		減価償却/投資								
ア. physical										¥0
イ. mental										¥0
ア+イ										¥0
産業医面談		経費								
		減価償却/投資								
										¥0
保健師・看護師面談		経費								
		減価償却/投資								
										¥0
事後措置面談		経費								
		減価償却/投資								
										¥0
過重労働面談	疲労蓄積度調査	経費								
		経費								
		減価償却/投資								
										¥0
上司との面談		経費								
		減価償却/投資								
事後措置										¥0
過重労働面談										¥0
メンタルヘルス										¥0
(2)健康教育										
健康教育		経費								
		減価償却/投資								
										¥0
健康管理	小計		¥0	¥0	¥0					¥0

	詳細	費目	コスト							
			経費	減価償却	投資	人件費に相当する費用				
			経費額（円）	減価償却費（円）	投資額（円）	1時間当りの人件費（円）	時間	人数	回数	合計（円）
6. メンタルヘルス対策										
教育（ラインケア）		経費								
		減価償却/投資								
										¥0
教育（セルフケア）		経費								
		減価償却/投資								
										¥0
教育（その他）		経費								
		減価償却/投資								
										¥0
ストレス調査		経費								
		減価償却/投資								
										¥0
EAP		経費								
		減価償却/投資								
										¥0
メンタルヘルス対策	小計		¥0	¥0	¥0					¥0

	詳細	費目	コスト							
			経費	減価償却	投資	人件費に相当する費用				
			経費額（円）	減価償却費（円）	投資額（円）	1時間当りの人件費（円）	時間	人数	回数	合計（円）
7. 安全衛生部署運営										
(1)安全衛生部署運営（健康管理関連部署は除く）										
スタッフの教育・研修		経費								
		減価償却/投資								
スタッフの学会参加		経費								
		減価償却/投資								
消耗品、消耗備品		経費								
固定資産		経費								
		減価償却/投資								
施設（補修・維持管理）		経費								
		減価償却/投資								
										¥0
社有車（緊急用）		経費								
		減価償却/投資								
(2)健康管理関連部署運営										
スタッフの教育・研修		経費								
		減価償却/投資								
スタッフの学会参加		経費								
		減価償却/投資								
診療関連										
検査機器（新規導入）		経費								
		減価償却/投資								
検査機器（維持管理）		経費								
		減価償却/投資								
薬		経費								
		減価償却/投資								
予防接種（薬液）		経費								
		減価償却/投資								

診療備品		経費								
		減価償却/投資								
消耗品、消耗備品		経費								
固定資産		経費								
		減価償却/投資								
施設（補修・維持管理）		経費								
		減価償却/投資								
										¥0
社有車（緊急用）		経費								
		減価償却/投資								
安全衛生部署運営	小計		¥0	¥0	¥0					¥0
8. IT関連										
ホームページ		経費								
		減価償却/投資								
										¥0
健康管理システム		経費								
		減価償却/投資								
										¥0
ITを利用したシステム		経費								
		減価償却/投資								
										¥0
IT関連	小計		¥0	¥0	¥0					¥0

	詳細	費目	コスト 経費 経費額（円）	減価償却 減価償却費（円）	投資 投資額（円）	人件費に相当する費用 1時間当りの人件費（円）	時間	人数	回数	合計（円）
9. 健康の保持増進活動										
		経費								
		減価償却/投資								
										¥0
健康の保持増進活動	小計		¥0	¥0	¥0					¥0
10. 福利厚生										
外来診療										¥0
予防接種										¥0
特定健康診査		経費								
		減価償却/投資								
										¥0
特定保健指導		経費								
		減価償却/投資								
										¥0
トレーニングルーム		経費								
		減価償却/投資								
										¥0
体育館		経費								
		減価償却/投資								
										¥0
福利厚生	小計		¥0	¥0	¥0					¥0

	詳細	費目	コスト							
			経費	減価償却	投資	人件費に相当する費用				
			経費額（円）	減価償却費（円）	投資額（円）	1時間当りの人件費（円）	時間	人数	回数	合計（円）
11. 労働安全衛生マネジメントシステムの維持管理										
文書管理		経費								
		減価償却/投資								
										¥0
内部監査		経費								
		減価償却/投資								
										¥0
認証取得		経費								
		減価償却/投資								
										¥0
外部監査		経費								
		減価償却/投資								
										¥0
リスクアセスメント		経費								
		減価償却/投資								
										¥0
研修・教育		経費								
		減価償却/投資								
										¥0
労働安全衛生マネジメントシステムの維持管理	小計		¥0	¥0	¥0					¥0

	詳細	費目	コスト 経費 経費額（円）	減価償却 減価償却費（円）	投資 投資額（円）	人件費に相当する費用 1時間当りの人件費（円）	時間	人数	回数	合計（円）
12. 労働安全衛生活動全般の維持管理										
計画		経費								
		減価償却/投資								
										¥0
情報収集		経費								
		減価償却/投資								
										¥0
評価		経費								
		減価償却/投資								
										¥0
管理状況のフォロー		経費								
		減価償却/投資								
										¥0
労働安全衛生活動全般の維持管理	小計		¥0	¥0	¥0					¥0
13. 免許、作業主任者他										
(1)免許（安衛法第72条関係）										
										¥0
(2)作業主任者（安衛則第16条関係）										
										¥0
(3)その他の技能講習（安衛則第78条関係）										
										¥0
(4)その他										
										¥0
免許、作業主任者他	小計		¥0	¥0	¥0					¥0

	詳細	費目	コスト							
			経費	減価償却	投資	人件費に相当する費用				
			経費額(円)	減価償却費(円)	投資額(円)	1時間当りの人件費(円)	時間	人数	回数	合計(円)
14. 安全衛生教育										
雇入れ時等の教育		経費								
		減価償却/投資								
										¥0
特別教育		経費								
		減価償却/投資								
										¥0
職長等の教育		経費								
		減価償却/投資								
										¥0
安全衛生教育		小計	¥0	¥0	¥0					¥0
15. 会議										
(1)会議										
安全衛生委員会		経費								
		減価償却/投資								
										¥0
TBM		経費								
		減価償却/投資								
										¥0
(2)会議(臨時)										
		経費								
		減価償却/投資								
										¥0
会議		小計	¥0	¥0	¥0					¥0

	詳細	費目	コスト 経費 経費額（円）	減価償却 減価償却費（円）	投資 投資額（円）	人件費に相当する費用 1時間当りの人件費（円）	時間	人数	回数	合計（円）
16. パトロール										
(1)パトロール										
産業医職場巡視		経費								
		減価償却/投資								
										¥0
衛生管理者巡視		経費								
		減価償却/投資								
										¥0
(2)パトロール（臨時）										
		経費								
		減価償却/投資								
										¥0
パトロール	小計		¥0	¥0	¥0					¥0
17. 啓発活動										
全国安全週間		経費								
		減価償却/投資								
										¥0
全国労働衛生週間		経費								
		減価償却/投資								
										¥0
啓発活動	小計		¥0	¥0	¥0					¥0

	詳細	費目	コスト 経費 経費額(円)	減価償却 減価償却費(円)	投資 投資額(円)	人件費に相当する費用 1時間当りの人件費(円)	時間	人数	回数	合計(円)
18. 労働災害関係										
労災保険料		経費								
										¥0
災害の原因調査		経費								
		減価償却/投資								
										¥0
災害の再発防止策		経費								
		減価償却/投資								
										¥0
労働災害関係		小計	¥0	¥0	¥0					¥0
19. その他										
(1)行政対応等										
行政(監督署)対応		経費								
		減価償却/投資								
										¥0
社外コンサルタント		経費								
		減価償却/投資								
										¥0
慰謝料、補償金		経費								
		減価償却/投資								
										¥0
(2)安全衛生プロジェクト										
プロジェクト (例)新型インフルエンザ対策		経費								
		減価償却/投資								
										¥0
(3)その他										
	経費									¥0
	減価償却/投資									¥0
									¥0	¥0
その他		小計	¥0	¥0	¥0					¥0

参考文献・ウェブサイト

◎森晃爾著『企業医務部の挑戦――産業医、奮戦す！』日本経済新聞社、1996年

◎森晃爾著『マネジメントシステムによる産業保健活動』労働調査会、2003年

◎松田晋哉・坂巻弘之編『日本型 疾病管理モデルの実践』じほう、2004年

◎岡田章・山田誠二監修『職域における保健と医療実践ハンドブック』法研、2007年

◎サンユー会広報実務委員会編『企業活動としての産業保健』法研、2009年

◎パナソニック
http://panasonic.co.jp/csr/employee/lab/

◎三菱電機グループ
http://www.mitsubishielectric.co.jp/corporate/csr/report/employee/benefit/index.html

◎富士ゼロックス
http://www.fujixerox.co.jp/company/sr/2008/stakeholder/employee/condition/working_hours.html

◎エクソンモービル
http://www.exxonmobil.com/Apps/Tonengeneral/citizenship/activity/index.html
http://www.exxonmobil.com/Japan-Japanese/PA/Files/CCR2008_Japan_Safety.pdf

よくわかる「健康会計」入門

平成22年2月15日　第1刷発行

著者　森　晃爾
奥　真也
永田　智久

発行者　東島　俊一

発行所　株式会社 法 研
〒104-8104 東京都中央区銀座1-10-1
販売 03（3562）7671 ／編集 03（3562）7674
http://www.sociohealth.co.jp
印刷製本　研友社印刷株式会社

ISBN978-4-87954-780-4　定価はカバーに表示してあります。

筆者

森　晃爾（もり こうじ）

産業医科大学 副学長、産業医実務研修センター所長、教授

愛知県出身。愛知県立千種高等学校を経て、1986 年産業医科大学医学部卒、1990 年同大学院博士課程修了（医学博士）。1992 年 6 月からエッソ石油株式会社医務部長、2000 年 7 月合併によりエクソンモービル有限会社医務産業衛生部統括部長を経て、2003 年 6 月から産業医科大学産業医実務研修センター所長、2005 年 4 月から現職。専門は産業医学。労働衛生コンサルタント、日本産業衛生学会指導医。著書に「企業医務部の挑戦――産業医、奮戦す！」（日本経済新聞社）、「マネジメントシステムによる産業保健活動」（労働調査会）他多数。産業保健を企業活動として推進するための方略について研究を進めるとともに、プロフェッショナル産業医の養成を行っている。

奥　真也（おく しんや）

会津大学 先端情報科学研究センター 医学・医療クラスター 教授

大阪府出身。大阪府立北野高等学校を経て、1988 年東京大学医学部卒。2003 年 7 月から株式会社レーグル代表取締役。2004 年 6 月から東京大学医学部附属病院 22 世紀医療センター健診情報学講座准教授、同 12 月から埼玉医科大学総合医療センター放射線科准教授（兼任）。2009 年 9 月から現職。専門は医療情報学、放射線医学、医療関連ビジネス論。日本医学放射線学会専門医。著書、監修書に「これでわかる特定健診制度」（じほう）、「Metsで始めるボディデザイン」（英治出版）、「東大脳になる勉強習慣」（PHP 研究所）など。真に社会に役立つ医学を志向している。

永田　智久（ながた ともひさ）

産業医科大学 産業医実務研修センター 助教

愛知県出身。私立東海高等学校を経て、2002 年産業医科大学医学部卒。2002 年 5 月から佐久総合病院研修医、2005 年 6 月からファイザー株式会社名古屋工場産業医。2008 年 4 月から現職。専門は産業医学。社団法人日本産業衛生学会産業衛生専門医、労働衛生コンサルタント。質の高い産業医育成のための教育、研究活動を行っている。